深圳律师实务丛书

置业有方
以案例视角解析购房租房法律风险

张婧姝 著

BE A WISE BUYER
CASE STUDIES EXPOSING LEGAL RISKS BEHIND OF
REAL ESTATE TRANSACTIONS

法律出版社
LAW PRESS·CHINA
北京

图书在版编目(CIP)数据

置业有方：以案例视角解析购房租房法律风险 / 张婧姝著. -- 北京：法律出版社，2024
（深圳律师实务丛书）
ISBN 978-7-5197-8924-4

Ⅰ.①置… Ⅱ.①张… Ⅲ.①房地产业-法规-案例-中国 Ⅳ.①D922.181.5

中国国家版本馆 CIP 数据核字（2024）第 052512 号

置业有方 ——以案例视角解析购房租房法律风险 ZHIYE YOUFANG — YI ANLI SHIJIAO JIEXI GOUFANG ZUFANG FALU FENGXIAN	张婧姝 著	策划编辑 朱轶佳 责任编辑 朱轶佳 韩超群 装帧设计 鲍龙卉

出版发行 法律出版社	开本 710毫米×1000毫米 1/16
编辑统筹 司法实务出版分社	印张 15.5　　字数 200千
责任校对 王 丰 李景美	版本 2024年6月第1版
责任印制 胡晓雅	印次 2024年6月第1次印刷
经　　销 新华书店	印刷 三河市龙大印装有限公司

地址：北京市丰台区莲花池西里7号（100073）
网址：www.lawpress.com.cn　　　　　　销售电话：010-83938349
投稿邮箱：info@lawpress.com.cn　　　 客服电话：010-83938350
举报盗版邮箱：jbwq@lawpress.com.cn　咨询电话：010-63939796
版权所有·侵权必究

书号：ISBN 978-7-5197-8924-4　　　　　定价：59.00元

凡购买本社图书，如有印装错误，我社负责退换。电话：010-83938349

深圳律师实务丛书编委会

主　任：章　成

副主任：李军强　黄红珍

委　员：金振朝　周昌春　张　鹏　罗　娟
　　　　罗兆旋　郑　标　树宏玲　王　潇
　　　　曾　杰　杨　欣　黄香江　黄群晶
　　　　钟子晴

回归专业　潜心钻研
促进高质量发展

斗转星移，继往开来。深圳市律师协会自2012年启动"深圳律师实务丛书"（以下简称丛书）出版工作以来，至今已出版实务专著39部，内容涵盖诸多专业领域，全面展现了深圳律师业务的研究成果和实务经验，已成为深圳市律师协会推进行业专业化建设的品牌项目。

鼓励和引导律师著书立说是深圳市律师协会推动律师专业化的一项长期性的重点工作。丛书旨在充分发挥深圳市律师协会的业务指导作用，通过鼓励深圳律师和深圳市律师协会各专业委员会撰写实务专著，可以有效提升律师业务水平，增强律师业务能力，保证律师服务质量，以专业引领和成果共享助推深圳律师行业高质量发展。

本套丛书凝集着深圳律师的心血与经验，展现了深圳律师的专业水平。本套丛书在律师业务的众多领域，汇集了深圳律师的业务成果，总结了深圳律师的执业经验，体现了深圳律师的专业能力，彰显了深圳律师的职业精神。这一本本专著必将成为深圳律师专业化发展史上一颗颗璀璨的明珠，永远镶嵌在深圳律师专业化发展的史册上。

2023年是全面贯彻落实党的二十大精神的开局之年，深圳律师要深学细悟笃行党的二十大精神，让党的二十大精神在深圳律师行业落地生花，要以习近平法治思想为指引，大兴专业研究之风，切实回归专业，潜心研究，深挖专业和实务问题，以高品质的法律服务保障行业的高质量发展。开展业务和实务研究不能脱离实际，必须密切关注经济社会发展和法治建设，聚焦其中的热点、难点、堵点问题，深入开展有针对性的研究，进而提出应用对策与实践指引，也期待深圳律师能输出更多的法律实务研究成果，并能形成专著与同行共享，这本身也是律师业务领域的一种先行示范。

希望本套丛书成为广大实习人员、执业律师期待、必备的好工具，也希望未来能够出版更多、更好的供律师们学习提高、掌握律师实务知识与技能的好专著！

张 斌

深圳市律师协会会长

2023 年 1 月 9 日

本书序

　　我国自古以来是农耕社会,固定的居所是社会关系建立的基础。"家"这个字的结构很好地表达了古人对于家的期许,即有房子可以遮风避雨,房子里可以圈养牲畜。《资治通鉴》中记载"富者有弥望之田,贫者无立锥之地",不动产甚至表明了一个家族的财富积累和社会地位。在现代社会,房产除了具有居住功能,更代表着社会归属,有了某地的房产,才能获得某地的户籍和身份认同。"归属"的背后连接着这个社会的教育资源、医疗资源、商业资源。当然,现代的房产和古代一样,可以代表所有权人的财富状况和社会地位。所以中国人想要买房是刻在骨子里、基因里的。

　　笔者从事法律工作近十年,办理了诸多房地产争议,老百姓买房的经历远没有想象中的那么美好。他们对某些问题的认知和法律规定以及合同约定有很大偏差,这是争议发生的主要原因之一,比如:

　　购房者买了精装修的新房,在收房的时候发现很多瑕疵,如地板开裂、瓷砖开裂、门缝不齐等问题。老百姓买房就是为了住得安心,遇到这种情形想打官司退房,结果却退不掉。

　　深圳有很多城中村,很多刚来深圳创业闯荡的年轻人都有在村里自建房租房的经历;村里除了住宅还有很多工业厂房,这些厂房同样承载了不少创业的企业。此类房产外观与其他房产无异,房产安全系数和各类建筑指数都能达标。但是如果未取得建设工程规划许可证,此类房屋租赁合同无效,绝大多数的承租人对此并不了解。这也意味着城中村密集的深圳,暗藏着无数无效的租赁合同。双方相安无事则无大碍,但是遇到城市更新,无效的租赁合同将给承租人特别是承租工厂的租户带来很大影响。

  古有孟母三迁,今有择校而居。房产是否带有学位是家长考虑的重要因素之一。但是对于学位问题,卖方通常宣传模糊,买方以为自己买到了学位房,实际上却没有学位,走法律途径维权也存在阻力,甚至维权无门。

  这些问题的发生与当事人对法律规定了解甚少有很大关系。本书从一手房、二手房、小产权房、住房租房、城市更新五个维度出发,结合时下热门的房地产话题,为读者剖析各类房地产交易中常见的法律问题,提出相应的解决办法。本书通过一个个生动的案例,普及法律知识、答疑解惑,带领读者识别法律风险,给枯燥的法律赋予灵动的生命。希望这本书能为将要买房、正在买房、买房过程中遇到纠纷的读者提供一些参考和指引。

目　录

一手房篇

1. 房地产开发商暴雷，购房者的房贷如何处理？　　3
2. 房地产开发商暴雷，购房者能否获得优先保护？　　10
3. 一房多卖，谁的权利优先？　　16
4. 小区停车位到底归谁？　　22
5. 以为买了省时省力的精装修房，实际却是劳心劳力的毛坯房，精装修到底有什么陷阱？　　32
6. 约定交付精装修房，但交付时有瑕疵，可以拒绝收房吗？　　37
7. 房屋买卖补充协议里有多少"陷阱"？　　43
8. 房地产开发商宣传"两房改三房"未能实现，购房者如何维权？　　50
9. 房地产开发商抵押待售房产导致合同无法履行，购房者如何维权？　　56
10. 房地产开发商售楼宣传有学位，实际却没有，购房者该怎么办？　　60
11. 房地产开发商在房屋买卖合同中限制自己的责任有效吗？　　68

二手房篇

12. 二手房自主交易与中介找房，向左走还是向右走？　　77
13. 以房抵债有效吗？以房抵债和让与担保、流抵押有何区别？　　83

14. 因新政策出台无购房资格，合同还能履行吗？　　89
15. 因新政策出台无购房资格，需要承担违约责任吗？　　93
16. 明知无购房资格买房，如何承担违约责任？　　97
17. 在二手房买卖中，地下车位是否随房屋一并转让？　　100
18. 为孩子上学购买二手学位房，却上不了学，如何维权？　　106

小产权房篇

19. 购买深圳经济适用房有风险吗？　　115
20. 购买深圳农民楼有风险吗？　　124
21. 购买军产房有风险吗？　　132
22. 与村民合作建房，合同无效时，房产归谁？　　138
23. 与村民合作建房，合同无效时，建房损失如何分摊？　　144

住房、租房篇

24. 为了自家安全安装摄像头，会侵犯邻居隐私权吗？　　153
25. 如何保护居住权，居住权保护的边界在哪里？　　159
26. 长租公寓的出租人卷款跑路，承租人如何维护自身权益？　　165
27. 承租老旧物业做酒店，租赁合同竟无效？　　172
28. 租赁的物业无产证，装修损失谁承担？　　177
29. 出租人出售房产侵害承租人优先购买权，如何赔偿？　　185

城市更新篇

30. 房地产开发商逾期交付房屋，能否解除拆迁补偿合同？　　195
31. 城市更新项目没立项，可以解除拆迁补偿合同吗？　　202

32. 租赁合同因城市更新解除,承租人该如何是好? 207

33. 城市更新中新政策出台是否构成不可抗力? 215

34. 新政策出台项目停摆,被拆迁人可以继续获得拆迁补偿吗? 221

35. 从失败的案例看城中村城市更新有哪些常见的问题 227

36. 没有房地产开发资质,城市更新还能继续合作开发吗? 234

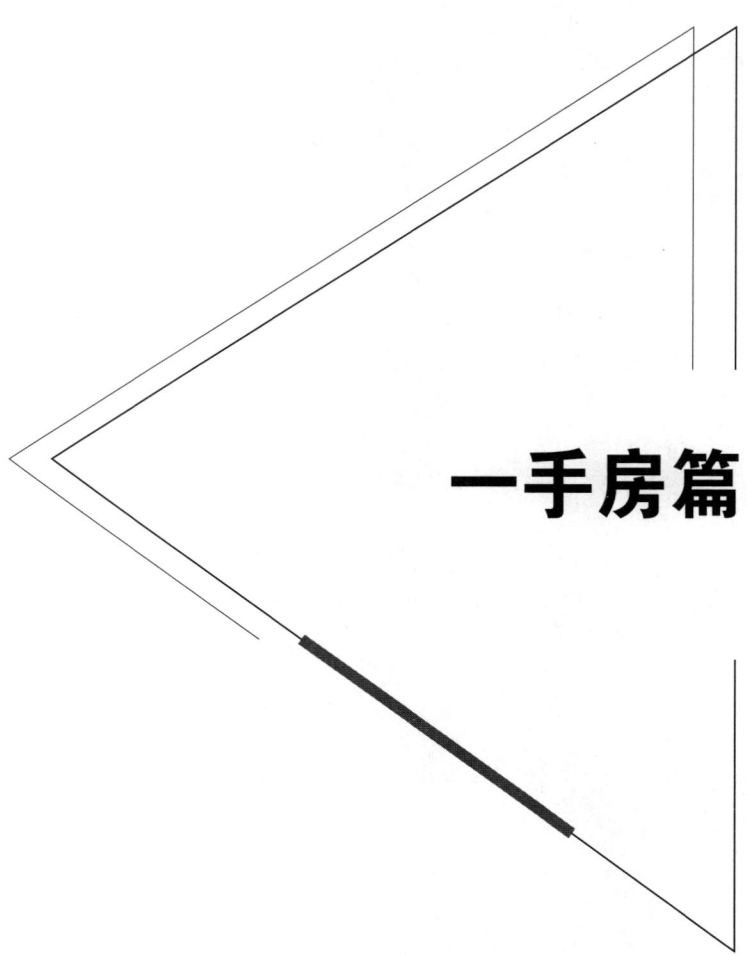

一手房篇

房地产开发商暴雷,购房者的房贷如何处理?

随着经济发展,大部分地区商品房总价已经突破了百万元,向银行按揭买房已经成为常态。购房者在买房时通常需要和卖方签订房屋买卖合同,同时与银行签订借款抵押合同。购房者向卖方支付首期款,剩余房款由银行出借并直接向卖方支付,所购房产抵押给银行作为担保,买方每月向银行偿还借款。一般借款抵押合同以房屋买卖合同为前提,那么,如果发生房屋买卖合同被解除的情形时,购房者的房贷如何处理呢?

基本案情 [1]

2013年10月13日,闫某向A公司购买某房产,双方签订《北京市商品房现房买卖合同》。该合同约定,房产总价为2,797,221元,闫某自签署合同当日支付首付款1,407,221元,余款139万元由闫某申请按揭贷款支付。

2013年12月5日,B银行(贷款/债权/抵押权人、甲方)与闫某(借款/抵押人、乙方)、A公司(保证人、丙方)签订《个人购房借款合同》。该合同约定,乙方向甲方申请商用房借款,丙方自愿为乙方向甲方申请的借款提供担保。本合同项下借款金额为139万元,借款用于乙方购买房产,总房价为2,797,221元;借款支付对象为A公司。借款期间为2013年11月27日至

---

[1] 参见北京金融法院民事判决书,(2022)京74民终234号。

2023年11月26日；实际借款期间以借款借据为准。借款利率为月利率,浮动利率,在借款发放当日基准利率(中国人民银行公布施行的同档次借款利率)水平上上浮10%。乙方不可撤销地授权甲方将借款资金支付至乙方交易对象以下账户,即A公司名下账户。乙方不可撤销地授权甲方在本合同约定的还款日直接从乙方在甲方开立的账号中扣收借款本息。乙方自愿按等额本息还款法归还借款本息,按月还款；乙方应根据甲方提供的客户期供表所确定的每期具体还款金额按时还本付息。丙方自愿为甲方向乙方发放的借款提供连带责任保证；如本合同项下债务履行期限届满,乙方没有履行或没有全部履行其债务,甲方均有权直接要求丙方承担保证责任；丙方保证担保范围为本合同项下借款本金及利息(包括复利和罚息)、违约金、损害赔偿金以及甲方实现债权的有关费用(包括但不限于诉讼费、仲裁费、财产保全费、差旅费、执行费、律师代理费、公证费、评估费、拍卖费等)。丙方确认并自愿接受,当乙方未按本合同约定履行其债务时,无论甲方对本合同项下的债权是否拥有其他担保(包括但不限于无权担保),甲方均有权要求丙方在其保证范围内承担保证责任,而无须先要求其他担保人履行担保责任；丙方的保证期间为本合同生效之日起至办妥本合同项下借款所购之房产抵押登记,将他项权证交甲方执管之日止。乙方自愿以所购房产为其借款提供抵押担保,并与甲方签订相应抵押合同。

同日,B银行向上述《个人购房借款合同》指定的A公司账户发放借款本金139万元并形成个人借款借据一份,该借据载明的借款到期日为2023年12月5日,闫某在该借据中签字确认。

之后,因A公司违约,闫某以A公司为被告向北京市丰台区人民法院提起诉讼,请求判令解除双方之间签订的《北京市商品房现房买卖合同》,返还购房款1,407,221元及利息,支付违约损失50万元。该院于2020年10月14日作出民事判决书,判决：(1)解除闫某与A公司于2013年10月13日签订的《北京市商品房现房买卖合同》。(2)A公司于本判决生效之日起7日内向闫某返还购房款777,846元及利息。(3)A公司于本判决生效之日起7

日内赔偿闫某经济损失 200,000 元。[1]

2022 年 2 月 11 日,闫某向法院提起诉讼,要求:(1)确认闫某与 B 银行、A 公司签订的《个人购房借款合同》解除;(2)确认闫某与 B 银行于 2013 年 12 月 5 日签订的《抵押合同》不发生效力;(3)B 银行向闫某返还已经支付的借款本金及利息共计 438,200.72 元;(4)判令 A 公司向 B 银行偿还《个人购房借款合同》项下未偿还的借款本金 605,821.21 元及相应利息、罚息、复利。

法院判决

法院经过一审和二审,判决确认闫某与 B 银行、A 公司签订的《个人购房借款合同》解除,闫某与 B 银行签订的《抵押合同》不发生效力,A 公司于判决生效之日起 10 日内向闫某返回借款本息共计 438,200.72 元;A 公司于判决生效之日起 10 日内向 B 银行返还借款本金 605,821.21 元及相应利息、罚息、复利。

根据最高人民法院《关于审理商品房买卖合同纠纷案件适用法律若干问题的解释》的规定,因商品房买卖合同被确认无效或者被撤销、解除,致使商品房担保贷款合同的目的无法实现,当事人请求解除商品房担保贷款合同的,应予支持。本案中,闫某与 B 银行签订本案诉争《个人购房借款合同》,其目的在于向 A 公司购买商品房,现闫某与 A 公司之间的《北京市商品房现房买卖合同》已被生效判决确认解除,导致《个人购房借款合同》的合同目的亦无法实现,且各方当事人对于《个人购房借款合同》的解除并无异议,故法院依法确认《个人购房借款合同》予以解除。

关于《个人购房借款合同》解除的法律后果,法院认为,合同解除后,尚未履行的,终止履行;已经履行的,根据履行情况和合同性质,当事人可以要求恢复原状、采取其他补救措施,并有权要求赔偿损失。最高人民法院《关

---

[1] 参见北京市丰台区人民法院民事判决书,(2020)京 0106 民初 11387 号。

于审理商品房买卖合同纠纷案件适用法律若干问题的解释》第21条第2款规定,商品房买卖合同被确认无效或者被撤销、解除后,商品房担保贷款合同也被解除的、出卖人应当将收受的购房贷款和购房款的本金及利息分别返还担保权人和买受人。本案中,《北京市商品房现房买卖合同》《个人购房借款合同》均已解除,A公司作为出卖人,应对其收受的购房贷款和购房款负有返还义务,因《个人购房借款合同》履行过程中,已由闫某向B银行实际偿还借款本息438,200.72元,故对于该部分借款本息,应由A公司返还给闫某;对于尚未偿还的借款本息及相应罚息、复利,应由A公司直接返还给B银行。

关于抵押合同的效力问题,法院认为,当事人对合同的效力可以约定附条件。附生效条件的合同,自条件成就时生效。本案中,闫某与B银行在合同中签字盖章及给抵押物办理抵押登记,是《抵押合同》生效的并列条件,现房产未办理抵押登记,尚未满足《抵押合同》约定的生效条件,且涉案房产客观上亦不具备办理抵押登记的可能性,因此,闫某要求确认《抵押合同》不发生效力的诉讼请求于法有据,法院予以支持。

案例评析

一、当购置房产发生争议时,如何处理房屋买卖合同与借款抵押合同?

(一)当购置房产发生争议时,房屋买卖合同的处理路径

当购置房产发生争议时,房屋买卖合同的处理路径有两种,一种为解除合同,违约方承担违约责任;另一种为继续履行合同,违约方承担违约责任。购置房产发生争议时,首先要判断违约事由是否符合法定解除条件以及约定解除的条件。根据《民法典》的规定,法定解除事由包括:

(1)因不可抗力致使不能实现合同目的;(2)在履行期限届满前,当事人一方明确表示或者以自己的行为表明不履行主要债务;(3)当事人一方迟延履行主要债务,经催告后在合理期限内仍未履行;(4)当事人一方迟延履行债务或者有其他违约行为致使不能实现合同目的;(5)法律规定的其他

情形。

在实践中,房屋买卖合同常见的法定解除事由一般为:卖方逾期交房,经催告后仍然未履行交房义务;卖方交付的房产有重大质量瑕疵;房产烂尾已经无交付可能;买方逾期支付房价款;买方无购房资格等。存在前述违约行为,守约方可以行使法定解除权。约定解除一般由双方在房屋买卖合同中约定解除的条件或事由。如果违约方的违约行为达到合同解除的条件,守约方可以选择解除合同或者不解除合同但要求违约方继续履行合同并承担相应的违约责任。如果违约程度轻微,未达到合同解除的条件,守约方可以要求卖方补正违约行为,并承担相应的违约责任。

(二)当购置房产发生争议时,借款担保合同的处理路径

由于房产价款金额较大,绝大多数购房者需要向银行抵押所购房产以申请借款支付购房款。因此,购房者与银行间签署的借款担保合同以房屋买卖合同为前提。如果房屋买卖合同的目的无法实现,借款担保合同也无继续履行的必要,此时借款担保合同的处理路径需要结合房屋买卖合同的处理路径予以确定。如果房屋买卖合同未被解除且继续履行的,借款担保合同也应当继续履行;如果房屋买卖合同被解除,借款担保合同也相应解除。

以担保贷款为付款方式的商品房买卖合同的当事人请求确认商品房买卖合同无效或者合同解除的,银行(担保权人)可以作为有独立请求权的第三人提出诉讼请求。如果银行(担保权人)未作为有独立请求权的第三人参加诉讼,或者参加诉讼但未提出诉讼请求的,法院仅处理房屋买卖合同纠纷。银行(担保权人)可以就借款担保合同另行起诉,且可以与房屋买卖合同纠纷合并审理。

当房屋买卖合同及借款担保合同均被解除时,交易状态恢复到原始状态,买方向卖方返还房产,卖方应当返还收到的购房款。购房款需要分两部分处理,买方支付的首付款由卖方直接返还买方,买方已经向银行偿还的贷款本金及利息由银行向买方返还,卖方收到的银行发放的贷款由卖方向银

行返还。

二、如果买方与银行间借款担保合同约定不得解除时,如何处理?

银行为了保全自己的利益,通常会在借款担保合同中约定"本合同项下债权债务及抵押权不因借款人签署的商品房买卖合同或销售协议的终止/解除而终止/解除"等条款。如果借款担保合同约定不因房屋买卖合同终止/解除而终止/解除时,怎么处理呢?

如前所述,购房者与银行间借款担保合同签署和履行的前提是房屋买卖合同有效且正常履行,借款担保合同本质上为房屋买卖合同服务。如果前提条件不存在,那么借款担保合同也没有履行的必要,其合同目的也无法实现,实质上达到了法律规定的法定解除条件。且最高人民法院《关于审理商品房买卖合同纠纷案件适用法律若干问题的解释》第 20 条明确规定,因商品房买卖合同被确认无效或者被撤销、解除,致使商品房担保贷款合同的目的无法实现,当事人请求解除商品房担保贷款合同的,应予支持。因此,借款担保合同的解除不仅有法理基础,也有明确的法律规定,尽管借款担保合同约定不得解除,购房者(借款人)仍可以要求法院判决解除合同。

在 A 银行与 B 公司等商品房销售合同纠纷案例中,购房者要求解除与银行间借款担保合同,银行以合同约定不得解除为由提出抗辩。沈阳市中级人民法院经审理认为,尽管房屋买卖合同和借款担保合同系不同的法律关系,但只有在房屋买卖合同正常履行的情况下,贷款合同才具备实际意义,如果房屋买卖合同已被解除,借款抵押合同继续履行将失去实际意义。沈阳市中级人民法院最终判决购房者与银行间借款抵押合同解除。[1]

三、遇到纠纷时,要及时与银行沟通并采取法律行动

如果购房过程中遇到卖方违约且需要解除房屋买卖合同,应当及时向卖方发函解除合同,同时也应当积极与银行沟通,必要时向银行发函解除借款担保合同。按揭还款关系着每个购房者的征信信息,如果与卖方发生纠

---

[1] 参见辽宁省沈阳市中级人民法院民事判决书,(2022)辽 01 民终 2783 号。

纷,切勿擅自断供。

另外,根据最高人民法院《关于审理商品房买卖合同纠纷案件适用法律若干问题的解释》第22条、第23条的规定,购房者未按照借款抵押合同约定偿还贷款,银行有权请求处分商品房买卖合同项下买方合同权利,或者就抵押房产优先受偿。实践中,如果购房者逾期还款,银行有权使债权加速到期,并起诉购房者要求法院将房产拍卖用于抵偿借款。因此,如果擅自断供,购房者将由守约方变为违约方,并承担不必要的违约责任。正确的处理方式是及时与银行取得联系,说明房屋买卖合同面临解除的困境,与银行商讨解决方案,必要的时候向银行发函解除借款担保合同。发函解除借款担保合同是计算购房者偿还借款节点的关键措施,同时可以表明卖方根本违约的立场以获取主动,解除函将成为进入后续维权诉讼之后证明购房者未曾在借款抵押合同中违约的重要证据。

综上,虽然房屋买卖合同与借款担保合同是两个不同的法律关系,但是二者相互依存。如果房屋买卖合同发生被解除、被撤销或无效情形时,借款担保合同也可随之解除。处理纠纷时,购房者切勿擅自断供,采取法律手段才是解决问题的正确方式。

房地产开发商暴雷，购房者能否获得优先保护？

近几年，金融市场不稳定，加上疫情的影响，频频曝出房地产开发商不作为、暴雷的报道。2021年8月恒大集团开始出现危机，由此开启了房地产企业暴雷的序幕。华夏幸福出现亏损和债务违约；富力地产发生评级下调、股价下跌、公司裁员、境外债违约；花样年暂停买卖，债务展期，并出现诉讼风险；蓝光集团债务逾期，被上交所询问；禹州地产将总部大楼抵押；正荣地产爆发债务危机，受限资金比例高达95%……一旦房地产开发商发生暴雷，购房者如何维权？自己买的房子还保得住吗？笔者通过以下案例，具体分析在房地产开发商暴雷的大环境下，如何保障购房者的权利。

基本案情[1]

A公司系一家房地产公司，由于拖欠B公司（某建筑工程公司）的工程款，被B公司起诉至法院。经过审理，法院判决A公司应当向B公司支付工程款36,086,680.58元及利息。判决生效后，A公司未能在判决确定的期限内履行义务。根据B公司的申请，法院立案强制执行。法院在执行过程中，查封了A公司所有位于涟水县某小区的48套房产。

在执行过程中，汪某向法院提出执行异议，主张在被查封的房产中包括

---

[1] 参见江苏省淮安市中级人民法院民事判决书，(2022)苏08民终550号。

其购买的房产(某小区 6 号楼 × 室),请求法院依法解除对该房产的查封。法院经过审理后,裁定中止对涉案房产的执行。B 公司不服,向法院提起执行异议之诉。

法院判决

法院经审理,驳回了 B 公司的诉讼请求。

法院认为,汪某与 A 公司签订了《商品房买卖合同》,后办理了备案登记,双方之间存在合法有效的房屋买卖关系;汪某提供的物业费收款收据及房屋现状图片,证明其已实际占有案涉房屋。故汪某在 2019 年 2 月 9 日法院查封案涉房屋之前已经签订了合法有效的买卖合同并实际占有案涉房屋。A 公司出具的发票证实汪某已缴纳了案涉房屋全部购房款,且汪某也提供了相关取款记录证明已支付了购房款,该取款时间、金额与本案签订签约确认单及商品房买卖合同的时间相吻合。此外,汪某在 2014 年 6 月 24 日已缴纳了案涉房屋的契税。至于案涉房屋未能办理过户登记的问题,案涉房屋目前尚未完成验收,故案涉房屋未办理过户登记的原因不在汪某。综上,汪某对案涉房屋所享有的权益能够排除强制执行。

案例评析

当多个债权人找房地产开发商行使债权查封房产时,债权是否存在先后?谁的债权能优先受偿?

一、一个房地产项目可能存在多少债权?

房地产开发建设是一个非常复杂且消耗大量资金的项目,通常来说会有三大类债权。按照发生的时间,债权主要为:

第一,总包单位要求房地产开发商支付工程款的债权。开发建设一个房地产项目首先需要签订建设工程施工合同,也就是我们俗称的总包合同。总包合同是承包人与建设单位(房地产开发商)签订的、由承包人承担工程建设全过程直至工程竣工验收的承包合同。总包合同一般金额巨大，且涉及的关系复杂。一旦建设工程验收合格，承包方对于房地产开发商便享有了要求其支付工程款的债权。

第二，金融机构对房地产开发商借款的债权。开发建设一个房地产项目需要大量周转资金，而在建工程及其所占地块本身具有巨大的经济价值，于是房地产开发商一般会将在建工程及其所占地块一并抵押给金融机构，担保借款，从而盘活资产，增加现金流。此时，金融机构基于借款合同及担保抵押合同对房地产开发商享有担保债权。

第三，购房者要求房地产开发商履行合同的债权。待房地产项目达到预售条件之后，房地产开发商会第一时间将房产进行销售，获得资金回笼，盘活资产。此时，购房者对于房地产开发商享有了要求其交付房屋并办理房产登记的债权。

二、房地产项目中债权之间受偿顺位如何排列？

一个房地产项目上存在如此多债权，那么一旦房地产开发商无法清偿债权时，这些债权之间的受偿顺位如何排列呢？

根据法律规定，笔者先给出一个结论：商品房购房者债权→工程价款受偿权→抵押权→其他债权。

（一）众多债权中，商品房购房者的债权是第一顺位债权

最早对此有规定的是最高人民法院《关于建设工程价款优先受偿权问题的批复》（现已失效，以下简称《批复》）。《批复》第2条规定："消费者交付购买商品房的全部或者大部分款项后，承包人就该商品房享有的工程价款优先受偿权不得对抗买受人。"这个法条立法的目的很简单，即保护购房者的生存权和居住权。民生之根本在于衣食住行，如果生存权和居住权得不到保障，那么社会便无法真正稳定。所以法律最优先保护商品房买受人的债权。

随着《民法典》的出台，该批复已经失效。但是现行有效的《全国法院民商事审判工作会议纪要》及最高人民法院《关于人民法院办理执行异议和复议案件若干问题的规定》、最高人民法院《关于商品房消费者权利保护问题的批复》均明确规定了商品房消费者优先权。根据《关于人民法院办理执行异议和复议案件若干问题的规定》第29条的规定,金钱债权执行中,商品房消费者对登记在被执行的房地产开发商名下的商品房提出异议,符合下列情形且其权利能够排除执行的,人民法院应予支持:(1)在人民法院查封之前已签订合法有效的书面买卖合同;(2)所购商品房系用于居住且买受人名下无其他用于居住的房屋;(3)已支付的价款超过合同约定总价款的50%。因此,符合法律规定的商品房消费者可以依法申请执行异议,阻却法院对其所购房产的执行,以保全自己对房产享有的权利。

(二)第二顺位的债权是工程价款受偿权

每一个建筑工程的兴建都是建筑工人用辛勤汗水换来的,没有他们在工地上的艰苦作业,根本不可能有拔地而起的摩天大厦,也不可能有舒适的居住环境。建筑工人将辛勤劳动融在了建筑工程之中。如果承包人的工程款项无法实现,那么建筑工人的工资和报酬也无实现的可能。为了保护建筑工人的利益,也为了维护社会稳定和促进建筑行业健康有序发展,法律赋予了工程价款超越抵押权的优先受偿权。根据《民法典》第807条的规定,如果房地产开发商不能按时支付工程价款,承包人可以与房地产开发商协议将该工程折价,也可以请求法院将该工程依法拍卖。建设工程的价款由该工程折价或拍卖的价款优先受偿。

(三)第三顺位的债权是抵押权

房地产开发商在开发建设过程中,向金融机构借款,并以名下不动产设立抵押的,在房地产开发商无法偿还借款时,金融机构作为抵押权人优先其他普通债权人受偿。如果该不动产上设立了多个抵押权时,根据《民法典》第414条的规定,抵押登记在先的抵押权优于抵押登记在后的抵押权受偿。设有抵押权的债权优先于其他没有抵押权的普通债权。

综上,当一个房地产项目上存在多种债权时,优先保障商品房购房者,除了购房者所购房产,该项目的其他房产可依法拍卖或折价,拍卖或折价所得价款优先偿还工程价款,其次是设置了抵押权的债权,最后是其他普通债权。

三、购房者如何实现自己的优先权?

实践中,购房者向房地产开发商购买商品房,在没有办理房地产过户手续之前,房地产开发商因欠债而被强制执行,人民法院在对尚登记在房地产开发商名下但已出卖给购房者的商品房采取执行措施时,购房者可以提出执行异议,以阻却法院对所购房产的查封或拍卖。

根据最高人民法院《关于人民法院办理执行异议和复议案件若干问题的规定》及最高人民法院《关于适用〈中华人民共和国民事诉讼法〉的解释》的规定,购房者对法院执行程序中的执行财产主张实体权利,可以向法院提请执行异议,并提交相关证据材料。法院经过审理认为异议成立的,将裁定中止执行。如果法院裁定驳回申请的,购房者可以向法院提起案外人执行异议之诉。购房者提起案外人执行异议之诉必须有明确的排除执行标的执行的诉讼请求,并且应当在异议裁定送达之日起15日内提起诉讼。

案外人执行异议之诉是一种特殊类型的诉,异议人提起诉讼的目的具有确权和阻却强制执行行为的双重性。所以法院作出判决时,一方面要确认涉案房产的权属,另一方面要停止对该房产的执行程序。

本案中,汪某购买了A公司开发建设的房产,但A公司因为拖欠工程款被B公司诉至法院,B公司胜诉后申请强制执行,法院查封了A公司名下的房产。于是,汪某在执行过程中提出执行异议。法院审理后认为汪某在查封前购买并占有涉案房产,裁定中止执行。这就是商品房消费者实现优先权的常规路径。

四、购房者在实现自己优先权过程中需要注意什么问题?

(一)购房者身份问题

《全国法院民商事审判工作会议纪要》第125条对商品房消费者的身份做了明确规定,一是在人民法院查封之前已签订合法有效的书面买卖合同;二是所购商品房系用于居住且买受人名下无其他用于居住的房屋,或者虽有一套其他住房,但是购买房屋面积仍然属于满足基本居住需要;三是已支付的价款超过合同约定总价款的50%。

从立法的精神可以看出,立法者的着眼点始终放在保护购房者生存和居住的权利之上。如果是投资客,名下有多套房产,或者所购房产面积较大,明显超过基本居住之需的,那么该购房者并不符合优先保护的条件。由于该优先权是法律拟制的,所以适用的条件和范围需要严格把控,否则该优先保护权的滥用将架空工程价款优先权和设有抵押权的债权,侵害其他权利人的合法权益,有悖立法者的初衷。

(二)购房者如何证明购买了相关房产

根据《全国法院民商事审判工作会议纪要》对购房者身份的规定,结合司法实践经验,以下材料均可以在提出执行异议时提交:

(1)购房合同;

(2)物业管理合同;

(3)购房款支付记录;

(4)按揭合同;

(5)物业费、水电费付款记录;

(6)房屋照片等。

在处理执行异议过程中,法院将会对购房者购买情况、产权登记情况、房屋占有情况进行审查。因此提供充分的证据,将为保全自己的房产提供最重要、最基础的保障。

综上,虽然房地产开发商频频暴雷影响了大家对房地产市场的信心,使众多购房者忧心忡忡,但是法律赋予了购房者优先保护权。因此,在面临纠纷时,大家应该及时寻求专业人士的帮助,最大限度保护自己的合法权益。

一房多卖,谁的权利优先?

近年来,房价增长速度迅猛,某些地区房价1年之内甚至能增值上百万元。面对日益增长的房价,司法实践中出现了很多一房多卖的情形。卖方为了获得更多利益,背弃原本的房屋买卖合同,将房屋再次转手卖给他人,购房者在遇到这种情形的时候,如何维权?在有多份房屋买卖合同的情况下,哪份合同保护顺位优先?笔者下面通过案例给读者阐释这些问题。

基本案情[1]

2016年2月4日,张某与A公司签订《房屋买卖合同》,合同约定A公司将江南美景2栋某房产以318,816元价格出售给张某。2016年5月13日,A公司向张某出具318,816元房款收据。2021年9月2日,当地房地产管理档案馆向张某出具《房屋网签合同查询》,载明"经查询,张某网签合同备案号为:209×××,房屋地址:江南美景2栋某房产"。

2019年5月20日,因A公司拖欠B公司工程款,A公司将江南美景两套房产作为抵偿交与B公司,并签订《江南美景的房屋抵偿协议》,其中一套房产为张某购买的房产。之后,B公司将房产转卖给胡某,并告知A公司。胡某向A公司支付剩余房款后,A公司出具了收款收据。2020年4月1日,A公司将涉案房产交付给胡某。2020年4月1日,胡某向涉案房产物业服

---

[1] 参见湖南省常德市中级人民法院民事判决书,(2022)湘07民终693号。

务公司缴纳涉案房产物业费、装修管理费等共计 2490 元,在缴纳押金 2000 元后开始对案涉房屋进行装修。2020 年 4 月 15 日,胡某与管道燃气有限公司签订《小区居民用户管道燃气安装与供气合同》,2020 年 4 月 17 日,胡某缴纳安装费 1013 元。2020 年 12 月 28 日,胡某向自来水公司缴纳 2020 年 5~8 月水费 49.73 元。

胡某对涉案房产进行装修时,张某进入该房产,双方发生争执,现房产由张某占有。双方就房产权属发生争议向法院提起诉讼,胡某要求张某返还涉案房产。

法院判决

本案经过一审、二审,法院最终判决张某于判决生效后 5 日内,将涉案房产返还给胡某。

法院认为,胡某虽未与 A 公司签订书面房屋买卖合同,但根据胡某向 A 公司支付购房款、A 公司向其交付房屋的实际履行来看,双方存在事实上的房屋买卖合同关系。张某与 A 公司亦签订了《商品房买卖合同》,该合同加盖 A 公司合同专用章并有其法定代表人印章,张某与 A 公司存在合法有效的房屋买卖关系。

《民法典》第 209 条第 1 款规定:"不动产物权的设立、变更、转让和消灭,经依法登记,发生效力;未经登记,不发生效力,但是法律另有规定的除外。"第 215 条规定:"当事人之间订立有关设立、变更、转让和消灭不动产物权的合同,除法律另有规定或者当事人另有约定外,自合同成立时生效;未办理物权登记的,不影响合同效力。"虽胡某与张某均未办理物权登记,但两份合同均属有效合同,两人依据买卖合同享有请求 A 公司办理房屋过户登记的债权请求权,但均不享有案涉房屋的所有权,该房屋的所有权人仍然是 A 公司。故胡某诉请确认其为案涉房屋所有权人的主张不能成立,法院不予支持。虽然张某已办理了商品房买卖合同的网签,但网签不同于商品房买卖合同的预告登记,不具有对外公示的效力,亦不具备物权变动效力。

至于张某是否应将案涉房屋返还给胡某的问题,首先,因买受人均未登记,未取得所有权,出卖人有向任何买受人交付房屋的权利;其次,人民法院审理一房数卖纠纷案件时,如果数份合同均有效且买受人均要求履行合同的,一般应按照已经办理房屋所有权变更登记、合法占有房屋以及合同履行情况、买卖合同成立先后顺序等确定权利保护顺位。故对于一房数卖应当根据以下顺序给当事人提供保护:优先保护产权变更一方的合法权益;然后保护先行合法占有房屋一方,并结合合同履行情况确定;最后才是根据合同成立先后顺序。本案中,A公司将案涉房屋交付给胡某,胡某办理水、电、燃气立户,缴纳了案涉房屋物业费、装修管理费并在缴纳装修押金后开始对案涉房屋进行装修,合法占有了该房屋,根据《民法典》第458条"基于合同关系等产生的占有,有关不动产或者动产的使用、收益、违约责任等,按照合同约定;合同没有约定或者约定不明确的,依照有关法律规定",胡某先占有案涉房屋,取得了房屋占有权,应当优先保护胡某对案涉房屋的合法权利。张某强行入住,其行为即构成对胡某占有权利的侵害。《民法典》第462条第1款规定:"占有的不动产或者动产被侵占的,占有人有权请求返还原物;对妨害占有的行为,占有人有权请求排除妨害或者消除危险;因侵占或者妨害造成损害的,占有人有权依法请求损害赔偿。"因此,胡某有权请求张某返还房屋。

案例评析

一、我国法律框架下物权变动的法律规定

《民法典》第209条第1款规定:"不动产物权的设立、变更、转让和消灭,经依法登记,发生效力;未经登记,不发生效力,但是法律另有规定的除外。"在我国法律框架下,不动产物权的取得需要办理不动产登记。买卖双方仅签订房屋买卖合同,有关房产的所有权还未转移,购房者只获得了依据房屋买卖合同要求卖方配合办理不动产权变更的债权。而一房多卖一般发生在房产所有权还未发生转移之前,卖方将房产卖给了多个购房者。

二、一房多卖,谁的权利优先?

根据《第八次全国法院民事商事审判工作会议(民事部分)纪要》第15条的规定,审理一房数卖纠纷案件时,如果数份合同均有效且买受人均要求履行合同的,一般应按照已经办理房屋所有权变更登记、合法占有房屋以及合同履行情况、买卖合同成立先后等顺序确定权利保护顺位。但恶意办理登记的购房者,其权利不能优先于已经合法占有该房屋的购房者。关于买卖合同的成立时间,应综合主管机关备案时间、合同载明的签订时间以及其他证据确定。简言之,保护顺位为:办理产权登记→合法占有→买卖合同成立先后。

根据《民法典》第114条的规定,物权是权利人依法对特定的物享有直接支配和排他的权利,也就是说物权具有对世效力、绝对效力和排他效力,同一物之上既存在物权又存在债权时,不论其成立次序先后,物权优先于债权。所以发生一房多卖的情形时,如果已经有购房者办理了过户手续,完成了不动产登记,那么不论其是否实际占有,也不论其买卖合同是何时成立的,该购房者取得有关房产的所有权。

如果所有购房者都未办理不动产登记,法院需要查明谁先实际占有了房产。法律上占有是一种事实状态。占有制度的主要功能有:(1)维持社会的和平与秩序。对物的占有一旦确定,将形成一定的社会秩序。(2)表彰或彰显本权。相对于占有而言,所有权、用益物权、担保物权及债权等,皆为本权。本权通常通过占有而予以实现。(3)取得本权,即于一定条件下,某人的无权占有可以升格为本权。[1] 从外观上来看,占有对于外界是一种彰显权利的方式。相较于合同而言,占有具有公示效力,买方根据与卖方之间的房屋买卖合同对房产进行有权占有,当占有被第三人侵占和妨害时,有权占有人可以请求排除妨害、消除危险、赔偿损失。因此法律保护的第二顺位是合法占有的购房者。

---

[1] 参见最高人民法院民法典贯彻实施工作领导小组主编:《中华人民共和国民法典物权编理解与适用(下)》,人民法院出版社2020年版,第1327页。

在所有购房者均未办理不动产权登记,也未合法占有房产时,买卖合同成立在先的获得优先权,这是法律从公平原则出发的体现。因为最先签订买卖合同的购房者最早与卖方建立信赖利益关系,保护先与卖方签订合同的购房者,以实现交易的诚实信用和公平合理。如果保护签订合同在后的购房者,极有可能纵容卖方为了获取更高收益进而践踏诚实信用原则,这不利于市场健康有序地发展。

本案中,张某虽然和 A 公司签订合同在前,但是一直未合法占有房产,而胡某虽然签订合同在后,但是先行占有了房屋,所以法院判决胡某获得房产。这也警示购房者,与卖方签完房屋买卖合同之后,应当积极地履行合同,法律从来不保护躺在权利上睡觉的人,如果签了合同却一直怠于履行,那么极有可能被他人捷足先登。

三、房屋预售合同登记备案性质如何

我国预售合同备案制度规定于《城市房地产管理法》。《城市房地产管理法》第 45 条第 2 款规定:"商品房预售人应当按照国家有关规定将预售合同报县级以上人民政府房产管理部门和土地管理部门登记备案。"因此房地产开发商在对房屋进行预售时,签署的合同需要到相关主管部门登记备案。预售登记体现的是行政主管部门从行政管理的角度出发管理房地产行业及房地产企业。房地产行业涉及土地、建设施工、购房者居住等民生问题,因此法律法规对其采取了更加严格的管理制度和要求。那么是否备案会不会影响合同效力呢?

根据《民法典》第 136 条的规定,民事法律行为自成立时生效,即房屋买卖合同在双方平等自愿的前提下,盖章签字后便发生效力,并不以预售备案为前提条件。因此,在一房多卖情形下,合同是否成立,只需要判断买卖双方是否具有合意,合同是否有法定无效情形,双方是否签字盖章即可,无须办理预售登记。如果购房者均未办理不动产登记、未合法占有房产,合同成立先后以房屋买卖合同签订时间先后确定,不以是否进行预售备案或预售备案时间先后判断合同成立时间。在判断购房者权利保护顺位时,预售备

案行为亦不得超越合法占有行为。

四、发生一房多卖情形时,买方如何维权?

如前所述,买房之后应当积极履行合同,完成不动产权登记并实际占有使用房产。如果确实因为客观原因无法办理不动产权登记手续的,购房者应当要求卖方及时交付房产。建议购房者与卖方书面确认房屋交付时间,交付完成后,购房者应当和卖方第一时间持房屋买卖合同到物业管理处登记为新业主,并及时将水电燃气过户至自己名下。缴纳物业费及水电费均是证明自己合法占有房产的有利证据,物业管理处出具的业主情况说明亦能证明合法占有的事实。对于其他未先行占有房产的购房者,建议及早提起诉讼,可以请求法院确认房产权属,或及时解除与卖方之间的买卖合同,拿回自己的购房款,以免卖方日后丧失偿付能力,损失无法挽回。

小区停车位到底归谁?

法学生找工作的时候,时常会被面试官问这样一个问题,小区的停车位权属如何划分?这也是当年学习物权法时讨论最多的一个问题。下面笔者通过本文来分析深圳地区各级法院对小区停车位权属划分的裁判规则,以探析小区停车位到底归谁的问题。

这里需要说明本文对停车位裁判规则的分析仅限于深圳地区。因为在广东省的广州和佛山等地,停车位是可以办理房产证的,权属清晰,不易发生争议。这些地区的购房者可以在买房的同时购买停车位,并办理停车位权属登记。但是,深圳地区停车位无法办理产权证,所以停车位权属成为实践中非常容易产生纠纷的问题。

基本案情一 [1]

1996年7月17日,世××园公司与A公司签订《沙河"世××园"4号地块住宅用地合作合同》,约定双方合作开发世××园项目中的第4号地。1998年2月28日,世××园公司与A公司签订《沙河"世××园"4号地块住宅用地合作合同补充协议》。1999年12月23日,世××园项目A、B、C、D、E栋取得建设工程竣工验收证书。2000年6月13日,世××园公司向深圳市规划国土局南山分局出具《情况说明》,载明项目已交付使用,该物业的

---

[1] 参见广东省深圳市中级人民法院民事判决书,(2016)粤03民终3713号。

所有产权属 A 公司所有。

1999 年 1 月 30 日，A 公司（甲方）与 B 公司（乙方）签订《物业委托管理合同》，约定甲方委托乙方实行专业化、一体化的物业管理，委托管理期限从 1999 年 2 月 12 日起至 2004 年 2 月 12 日止。关于地下停车场的产权归属，业委会认为 A 公司作为开发商，与小区业主并未在买卖合同中约定某广场地下停车位的归属，车位应归属全体业主。业主与 A 公司就停车位权属事宜诉至法院。

法院判决一

法院认为，本案争议的焦点为涉案小区 115 个地下停车位的权益归属问题。《物权法》第 74 条规定，[1] 建筑区划内，规划用于停放汽车的车位、车库应当首先满足业主的需要。建筑区划内，规划用于停放汽车的车位、车库的归属，由当事人通过出售、附赠或者出租等方式约定。《深圳经济特区房地产转让条例》第 13 条第 2 款规定，房地产首次转让合同对停车场、广告权益没有特别约定的，停车场、广告权益随房地产同时转移；有特别约定的，经不动产登记机构首次登记，由登记的权利人拥有。法院认为，A 公司已自认涉案小区房产预售合同中并没有对停车场权益作出约定，法院依据《深圳经济特区房地产转让条例》第 13 条第 2 款的规定确认涉案小区 115 个地下停车位应归属于全体业主。

基本案情二 [2]

2013 年 12 月 31 日，A 公司（甲方）与 B 公司（乙方）签订《某小区停车场委托管理服务合同》，约定：甲方聘请乙方对某小区停车场内的车辆、场地

---

[1] 本案审理时适用《物权法》。相关规定参见《民法典》第 276 条。
[2] 参见广东省深圳市中级人民法院民事判决书，(2018) 粤 03 民终 113 号。

及停车位、设施、设备等进行管理。停车场所有权归甲方所有。乙方负责停车场内车辆、场地及停车位、设施、设备等的日常经营、管理服务业务,做好进出车辆的登记、收费及疏导工作,并承担停车场经营管理的一切相关费用(包括停车场设施、设备、标志的维护、养护及人工、水、电、卫生等项费用)。该小区业主、A 公司、B 公司就小区停车位事宜发生纠纷并诉至法院。

法院判决二

法院审理查明,A 公司系小区的开发商,B 公司系小区的物业管理单位。该项目的《深圳市建设用地规划许可证》(深规土规许字 01-2000-0×××号)显示:地下车库、设备用房、民防设施、公众通道不计容积率。根据《物权法》第 74 条的规定,[1]建筑区划内,规划用于停放汽车的车位、车库的归属,由当事人通过出售、附赠或者出租等方式约定。本案中,没有证据显示 A 公司作为开发商与业主之间就地下车库的出租车位和临时车位的归属问题作出过出售、附赠的约定,即上述停车位从建造开始并未发生过所有权的转移,而 A 公司作为地下车库的建设者,对于停车位应享有初始的所有权权能,对这些停车位有管理和收益的权利。

案例评析

为什么对于停车位,法院作出了完全相反的判决?即第一个案例中法院判决停车位归业主所有,第二个案例中法院判决停车位归房地产开发商所有?关于停车位的问题,需要结合小区建成和移交时间、《物权法》及《深圳经济特区房地产转让条例》出台时间来确定,时间不同结果可能完全相反。下面笔者一一为读者阐释。

---

[1] 本案审理时适用《物权法》。相关规定参见《民法典》第 276 条。

一、小区车库或停车位权属问题

（一）规划的车库或停车位归全体业主所有的情形

（1）《物权法》出台前，小区房屋买卖合同没有约定规划车库或停车位权属的，依据《深圳经济特区房地产转让条例》的规定，规划车库或停车位随房地产的出售转移给全体业主。

在判断权属前，先要确认涉案小区销售时间。我国《物权法》于2007年10月1日实施，如果涉案小区在《物权法》实施之后销售的，依照《物权法》的规定判断规划车库或停车位权属；如果在《物权法》实施之前就销售完毕的，此时需要结合1993年10月1日实施的《深圳经济特区房地产转让条例》判断规划车库或停车位权属。

《深圳经济特区房地产转让条例》第13条规定，房地产转让时，转让人对同宗土地上的道路、绿地、休憩地、空余地、电梯、楼梯、连廊、走廊、天台或者其他公用设施所拥有的权益同时转移。房地产首次转让合同对停车场、广告权益没有特别约定的，停车场、广告权益随房地产同时转移；有特别约定的，经不动产登记机构首次初始登记，由登记的权利人拥有。

因此，在房地产开发商首次出售房产时，如果房屋买卖合同对停车场没有作特别约定的，架空层、车库等的权益随房地产买卖合同同时转移给全体业主所有。同时法院倾向于认为，关于现行的法律、法规未规定不计入容积率的区域，其所有权属于房地产开发商。因此车库或停车位是否计入容积率，房地产开发商是否承担了建设成本不是判断权属的唯一标准，车库或停车位所有权还应当结合双方的合同约定来判断。简言之，《物权法》出台前，房屋买卖合同对规划车库或停车位没有约定的，其权属归全体业主所有。本文的第一个案例即为此情形。

（2）《物权法》出台前的小区，房屋买卖合同对规划车库或停车位权属约定不明的，视为无特别约定，依据《深圳经济特区房地产转让条例》的规定，车位随房地产的出售转移给全体业主。

在深圳市龙岗区布吉街道某名园第三届业主委员会与深圳某铝业科技

有限公司建筑物区分所有权纠纷一案中,涉案小区在销售时,房地产开发商与业主签订的购房合同中仅部分约定了涉案物业小区会所、架空层、车库等归房地产开发商所有,其他部分合同并未约定。法院认为,在此种情形下,对于小区全体业主来说,应视为没有特别约定。由于房地产买卖合同对业委会主张的涉案小区会所、架空层、车库等的权益没有特别约定,亦没有登记权利人,法院依据《深圳经济特区房地产转让条例》的规定判决涉案小区会所、架空层、车库等的权益随房地产买卖合同同时转移给全体业主所有。[1]

(3)根据规划设计功能,若车位位于业主共有部分,车位属于全体业主所有。

在房屋买卖合同未约定车位权属,房地产开发商与业主间就该权属发生争议时,双方当事人可以申请法院致函深圳市不动产登记中心、深圳市地籍测绘大队、深圳市规划和自然资源局及相关部门发《调查函》,要求协助调查涉案小区的产权登记情况、架空层的规划功能、竣工面积、产权性质及归属等问题。如果车位所在位置属于公共区域的,如建筑区划内的公共场所,或者占用业主共有的道路、其他场地用于停放汽车的车位,那么属于全体业主所有。[2] 典型案例有深圳市某置业投资发展有限公司、郭某华与深圳市福田区某业主委员会建筑物区分所有权纠纷。[3]

(4)业主向小区房地产开发商购买涉案房产时受赠或购买规划的停车位,依法获得停车位所有权。

根据原《物权法》第74条第2款以及现行《民法典》第275条的规定,建筑区划内,规划用于停放汽车的车位、车库的归属,由当事人通过出售、附赠或者出租等方式约定。《物权法》出台后,业主在向小区房地产开发商购买

---

[1] 参见广东省深圳市中级人民法院民事判决书,(2018)粤03民终19518号。

[2] 参见广东省深圳市中级人民法院民事判决书,(2016)粤03终1456号;广东省深圳市中级人民法院民事判决书,(2015)深中法房终字第1552号。

[3] 参见广东省深圳市中级人民法院民事判决书,(2016)粤03民终4193号。

房产时,可以通过受赠或购买的方式取得规划停车位的所有权。尽管深圳市尚未有车位产权登记,但是不影响停车位权属的确认。待可以办理产权登记时,业主可以依法办理产权登记。典型案例有深圳市某物业管理有限公司某管理处与陈某瑜排除妨害纠纷、[1] 熊某与陈某瑜房屋买卖合同纠纷。[2]

(二)车位归房开商所有的情形

1. 根据原《物权法》及现行《民法典》的规定,房地产开发商因建设行为原始取得规划车位和车库的所有权

原《物权法》及现行的《民法典》均明确规定,建筑区划内,规划用于停放汽车的车位、车库应当首先满足业主的需要。建筑区划内,规划用于停放汽车的车位、车库的归属,由当事人通过出售、附赠或者出租等方式约定。占用业主共有的道路或者其他场地用于停放汽车的车位,属于业主共有。本文第二个案例即为此情形。

从前述条文的表述可以看出,原《物权法》及现行的《民法典》均认可规划的车位和车库归房地产开发商所有,房地产开发商因开发建设楼盘原始取得了物业所有权。在房产出售过程中,未占用公共区域的规划车位和车库,房地产开发商可以在房屋买卖合同中以出售、赠与转让所有权,也可以通过出租的方式让渡使用权。如果房地产开发商与业主并未就车位或车库归属问题作出过出售、附赠的约定,即停车位从建造开始并未发生过所有权的转移,那么房地产开发商作为车库或车位的建设者,对于停车位应享有初始的所有权权能。即便停车位做了绿化处理及可用于人防工程,也不能仅从外观确定车位权属。典型案例有深圳市某物业管理有限公司、深圳某俱乐部有限公司委托合同纠纷,[3] 刘某武、王某林与深圳市某房地产集团有限

---

[1] 参见广东省深圳市中级人民法院民事判决书,(2016)粤03民终4193号。
[2] 参见广东省深圳市中级人民法院民事判决书,(2014)深中法房终字第2347号。
[3] 参见广东省深圳市中级人民法院民事判决书,(2018)粤03民终113号。

公司房屋买卖合同纠纷。[1]

2. 房屋买卖合同约定规划的车位和车库归房地产开发商所有的，房地产开发商享有所有权

《深圳经济特区房地产转让条例》第13条规定，房地产首次转让合同对停车场、广告权益没有特别约定的，停车场、广告权益随房地产同时转移；有特别约定的，经房地产登记机关初始登记，由登记的权利人拥有。原《物权法》第74条以及现行的《民法典》第275条规定，建筑区划内，规划用于停放汽车的车位、车库的归属，由当事人通过出售、附赠或者出租等方式约定。

换言之，无论小区何时建成和出售，如果房屋买卖合同约定规划的车位和车库归房地产开发商所有的，房地产开发商享有所有权。

在实践中，房地产开发商为了保全自己的利益，会在房屋买卖合同中特别注明未计入该商品房建筑面积分摊的公共部位与共用房屋部分，包括但不限于会所、酒店、综合楼、学校、商业街、配套楼、停车场（地上及地下）、架空层、农贸市场、超市等配套建筑的所有权、收益权属于房地产开发商。在此情形下，如果小区业主就规划的停车位权属发生争议，法院会根据房屋买卖合同的约定，判定停车位归房地产开发商所有。典型案例有深圳市某物业管理有限公司、深圳市南山区某花园第一届业主委员会建筑物区分所有权纠纷，[2]深圳市某西部物业管理有限公司与深圳市宝安区某小区第二届业主委员会、深圳市某物业管理有限公司建筑物区分所有权纠纷。[3]

二、安居房和军产房车库及停车位所有权认定问题

（一）安居房车位及车库所有权的认定

安居房分为准成本房、全成本房、全成本微利房和社会微利房，出售对象是企事业单位员工，带有福利性质，是非商品房性质的房产。对于安居

---

[1] 参见广东省深圳市中级人民法院民事判决书，(2016) 粤03民终9018号。
[2] 参见广东省深圳市中级人民法院民事判决书，(2019) 粤03民终2986号。
[3] 参见广东省深圳市宝安区人民法院民事判决书，(2019) 粤0306民初10988号。

房,法院的审理态度和对普通住宅一致,首先要判断涉案小区出售的时间是否在《物权法》出台之前。如果在《物权法》出台之前,将适用《深圳经济特区房地产转让条例》并结合房屋买卖协议判定停车位归属,如果没有约定的,停车位随出售的房产一并转让给业主。如果小区建成和出售在《物权法》出台之后,适用《物权法》及现行《民法典》。

在深圳市盐田区某业主委员会、林某锐车库纠纷中,涉案小区在建成后,于2005年出售给各业主,在房屋买卖合同中未约定停车位权属。业主与房地产开发商就停车位权属事宜发生纠纷诉至法院。原一审法院根据《深圳经济特区房地产转让条例》判决车位归全体业主所有,原二审法院认为安居房此类政策性住房小区内车位权益归属等应先由行政部门适用相关安居房政策予以认定处理,不在法院受理范围内,驳回了业主的起诉。后该案被发回重审,重审一审及二审法院均认为涉案小区在2007年以前建成并投入使用,此时《物权法》尚未颁布实施,因此,应适用小区建成时的法律规定。终审法院依法适用《深圳经济特区房地产转让条例》第13条的规定,认为涉案小区在销售时,房地产买卖合同对停车场的权益没有特别约定,停车场的权益随房地产买卖合同同时转移给全体业主所有。[1]

(二)军产房车位及车库所有权的认定

如果涉案小区属于军产房,那么该小区地块及地上建筑物均属军队所有,业主对房产不享有所有权。有关军产房的管理,中央军委等部门制定了《中国人民解放军房地产管理条例》《军队与地方换建、合建房屋管理规定》《军队房地产开发管理暂行规定》等军事法规、军事规章进行规范。如果因小区车库或车位问题发生纠纷的,应由军队有关部门解决,不属于人民法院主管范围。因此,如果就车库和车位发生纠纷诉至法院的,法院将驳回起诉。典型案例有深圳市某物业管理有限公司、深圳市某物业管理有限公司某花园三期物业服务中心与广州某房地产管理分局物业服务合同纠纷。[2]

---

[1] 参见广东省深圳市中级人民法院民事判决书,(2019)粤03民终24370号。
[2] 参见广东省深圳市中级人民法院民事判决书,(2017)粤03民终2325号。

三、停车场收益问题

实践中,小区的停车场一般都交由物业管理公司来经营管理,小区业主或者房地产开发商不会直接自行管理停车场。那么经营停车场的收益如何划分?

需要首先明确的是,虽然深圳市的停车位不能办理产权登记,但是所有权是依法受到保护的。不能办理产权登记,所有权人有关转让、处分等权利受限,但并不能就此排除其收益的权利。且小区地下停车场行政部门一般均会核发《深圳市经营性停车场许可证》,可以进行经营性收费,使用人应付费使用车位。因此,无论停车位是小区业主共有还是房地产开发商所有,所有权人均享有收益权;物业管理公司根据物业管理协议,仅对停车位负有管理责任,不享有所有权。

深圳各级法院倾向于认为,确定停车位收益分配比例,应当在考量物业管理公司管理成本的基础上,适当考虑物业管理的服务费因素。物业公司在接手地下停车场的管理后,为业主提供停车管理服务,内容一般包括对停车场设施的维修和养护、投入调度和安保人员、缴纳停车费收入税费等,这必然付出管理成本。参考目前小区停车位管理成本费用的惯常实际做法(停车费的25%~30%),法院一般取停车费的25%~30%作为物业管理公司的成本。同时,物业公司开办和运营有明显的营利特征,从公平合理的角度出发,并参照物业服务费的计费方式和深圳市小区物业管理计费惯例,法院会适当考虑物业管理公司的服务酬劳,一般酌情取停车费的10%~15%作为物业公司的营利报酬。

综上,在分配停车位收益的时候,法院在扣除物业管理公司成本和报酬之后(二者合计一般为35%~45%),剩余部分归停车位所有权人所有。典型案例有深圳市宝安某发展有限公司与深圳市某物业发展有限公司物权纠纷,[1]深圳市某物业管理有限公司与深圳市宝安区某小区第二届业主委员

---

[1] 参见广东省深圳市宝安区人民法院民事判决书,(2016)粤0306民初13199号。

会、深圳市某物业管理有限公司建筑物区分所有权纠纷。[1]

综上,在判断小区停车位所有权时,首先要判断小区建成和出售时间,如果早于《物权法》出台时间,那么适用《深圳经济特区房地产转让条例》。如果小区出售时未约定停车位归属的,停车位随房屋的出售全部转移至小区业主。如果小区出售时有约定,则从约定。小区建成和出售时间在《物权法》或《民法典》出台之后,如果小区出售时未对规划的停车位做约定,那么停车位归房地产开发商所有;如果出售时有约定,则从约定。对于停车位的收益分配,法院倾向于在扣除物业公司管理成本和报酬的情况下,将剩余部分判归所有权人所有。

---

[1] 参见广东省深圳市宝安区人民法院民事判决书,(2019)粤 0306 民初 10988 号。

以为买了省时省力的精装修房，实际却是劳心劳力的毛坯房，精装修到底有什么陷阱？

现在买新房时，存在房地产开发商给购房者指定第三方装修公司对房屋进行装修的情形，表面上看这给购房者节省了不少事，但是实际上这里面有很多陷阱。本文讲述和分析的案例就是购房者看似省了不少事，实际吃了哑巴亏的典型例子。

基本案情[1]

2017年10月11日，钟某与A公司签订的《深圳市房地产买卖合同（预售）》约定：

（1）房屋总价款合计1,523,254元，于签订合同之日一次性付清购房总价款。

（2）A公司应当于2018年4月30日前将本房地产交付给钟某，交付前应取得《深圳市建设工程竣工验收备案（回执）》。

（3）A公司如未在合同约定的交付期限内将本房地产交付钟某，逾期在90日之内（含90日）的，自约定的交付期限届满日之次日起至实际交付之日止，A公司按日向钟某支付购房总价款万分之三的违约金；逾期超过90日，钟

---

[1] 参见广东省深圳市中级人民法院民事判决书，(2020)粤03民终18802号。

某要求继续履行合同的,合同继续履行,自约定的交付期限届满日之次日起至实际交付之日止,A 公司按日向钟某支付购房总价款万分之四的违约金。

(4)交付的房屋装修部分达不到本合同附件三约定的主要装修标准的,钟某有权要求 A 公司就未达标准部分进行重新装修。合同附件三约定的标准是毛坯。

同日,钟某以委托人的身份另签署《入伙收楼授权委托书》,委托 B 公司代为办理入伙收楼(仅指本房地产毛坯阶段验收及入伙收楼)的全部事宜。同时,钟某与 B 公司签署《装修改造委托协议》,约定钟某委托 B 公司对房屋进行装修改造,B 公司应当于 2018 年 12 月 30 日前将装修改造后的房屋交付给钟某。如果 B 公司装修工程严重不符合约定的装修标准,且严重影响钟某正常使用房屋的,钟某有权拒绝受领。B 公司延期交付装修改造工程的,自本协议约定交付日的次日至本装修改造工程符合交付条件之日止,按日向钟某支付 50 元的违约金。A 公司和 B 公司自行统一结算装修款,钟某无须支付装修费用。

2018 年 4 月 30 日,B 公司向 A 公司出具《收楼意见书》,确认验收无意见后收楼,B 公司验收涉案毛坯楼时,钟某不在现场。

B 公司收楼后,对房屋进行装修改造。2019 年 1 月 2 日第一次交付验收时,钟某发现装修质量问题,要求返修。直到钟某起诉之前,钟某一直认为房屋装修有问题,没有验收。其间 B 公司也多次返工维修。

钟某认为 B 公司装修交付延期构成违约,将 A 公司和 B 公司诉至法院,要求 A 公司和 B 公司承担逾期交房责任,违约金以已付房款 1,523,254 元为基数,按日万分之五的标准自 2018 年 4 月 30 日起暂计至 2019 年 10 月 31 日止,共计 418,133.22 元。

法院判决

本案经过一审和二审,法院最终判决 A 公司和 B 公司向钟某支付从 2018 年 12 月 30 日至 2019 年 11 月 27 日的逾期违约金 16,650 元(333 天×50 元/天)。

法院认为,《深圳市房地产买卖合同(预售)》以及其附件是当事人的真实意思表示,其内容不违反法律、法规的强制性规定,合法有效,双方均应当按照合同约定全面履行合同义务。

关于涉案房产的交付时间,A 公司应当于 2018 年 4 月 30 日前将本房地产交付给买受人。《入伙收楼授权委托书》有钟某的签字,不可撤销地授权 B 公司代为办理入伙收楼手续,其授权合法有效,B 公司也于 2018 年 4 月 30 日出具了收楼意见书,A 公司完成了涉案房产交付。关于涉案房产交付标准,约定的装修标准系毛坯房。因此,2018 年 4 月 30 日,A 公司按照双方的约定向钟某交付了涉案房产,其不存在延期交楼的行为,法院认定 A 公司无须支付延期交楼违约金。

关于装修交付时间,法院认为,《装修改造委托协议》系 B 公司和钟某真实意思表示,内容不违反法律法规的强制性规定,合法有效。钟某对涉案房产的装修质量问题提出了异议,B 公司进行了多次整改维修,2019 年 11 月 28 日再次验收时,前几次所提出的问题已经减轻,其后钟某还两次查看房屋,未有证据证明其仍提出了装修质量问题。因此,法院认定 2019 年 11 月 28 日 B 公司完成了装修工程的交付。

根据本案查明的事实,钟某向 A 公司购买的实际为精装修房屋,并以自己的名义委托 B 公司对房屋进行装修,但是装修公司并未与业主另行约定装修款项,系房地产开发商与装修公司统一结算装修款,故 A 公司、B 公司应共同承担向钟某按期交付装修合格房屋的责任。

综上,A 公司交付的房屋不存在逾期问题,不需要承担逾期交房违约责任。但是 B 公司装修工程逾期,A 公司和 B 公司共同承担装修工程逾期责任,逾期天数为 333 天(从 2018 年 12 月 30 日起算至 2019 年 11 月 27 日止),逾期违约金 16,650 元(333 天×50 元/天)。

案例评析

深圳市住房和建设局出台了《关于进一步规范新建商品住房和商务公寓销售价格指导工作的通知》,该通知规定新建商品住房和商务公寓销售价格需按照备案价进行销售;为了防止房地产开发商通过提高装修价格变相抬高房价,实行精装修价格梯度。这一规定使房地产开发商的利润空间降低。不少房地产开发商销售房产时在房屋买卖合同中约定的交付标准是毛坯房,但是会将房屋交给关联公司进行精装修,签署房屋买卖合同的同时,装修公司再与购房者签订装修协议。房地产开发商这样做一方面是为了规避房屋必须按照备案价进行销售的要求,变相通过装修费提高房屋总价;另一方面相当于把装修二次分包给装修单位,规避装修过程中产生的责任和义务。在这种销售模式中,需要购房者委托装修公司从房地产开发商手里收楼,收楼之后直接进行装修工程。那么购房者委托装修公司收楼有哪些风险呢?

一、房地产开发商可能规避逾期交楼的违约责任

在本案中,钟某购买的房屋的广告显示的是精装修,但是房屋买卖合同约定的交付标准是毛坯,在房地产开发商的要求下,钟某又和装修公司签订装修协议,同时授权装修公司代为验收房屋。这种操作方式可以极大程度降低房地产开发商逾期交楼的风险。因为验收房屋的是装修公司,装修公司一般和房地产开发商利益是一致的,装修公司基本不会实际在现场验收,而是统一按照房屋买卖合同约定的收楼时间向房地产开发商出具《收楼意见书》。这种情形下,房地产开发商基本不可能有逾期交楼的情形,即便真的逾期交楼,装修公司也可能会在合同约定的时间内提前向房地产开发商出具《收楼意见书》,房地产开发商完美规避了自己逾期交楼的违约责任。

二、房地产开发商可能规避所交房屋存在质量问题的违约责任

由于验收房屋的是装修公司,交付的房屋实际上是否有质量问题,购房者很难发现,除非购房者自己到现场一同验收。装修公司后期进场装修后,一旦房屋有问题,到底是装修公司所致,还是房地产开发商所致,届时还需要做鉴定。由于装修公司会向房地产开发商出具《收楼意见书》,房地产开发商会以装修公司已经收楼为由,主张交付的房屋无质量问题。一旦发生此类问题,如果购房者没有实地验收房屋,其实比较难确定到底是哪一方的责任；购房者也无法在同一个案件中同时起诉房地产开发商和装修公司，因为购房者与房地产开发商之间是房屋买卖合同纠纷，与装修公司之间是装修合同纠纷，按照法律规定，需要分别起诉二者，这无疑加大了购房者维权的难度和成本。

三、违约金被"悄悄"偷换起算时间

本案中，购房者的实际意图是从房地产开发商处购买精装修房屋，但是房地产开发商通过签署多个协议的方式，规避了交付精装修房屋的责任。按照合同约定，房地产开发商仅需交付毛坯房即可，交付装修工程是装修公司的责任。在此种情况下，购房者仅能要求装修延迟期间的违约金，违约金起算时间是装修公司交付装修工程之日，在本案中的违约金是法院判决的16,650元。如果买受人与房地产开发商之间的房屋买卖合同约定交付标准为精装修，那么违约金起算时间是房地产开发商交付房屋之日，此时买受人在本案中可以获得的违约金为418,133.22元。二者相差40余万元！房地产开发商通过协议安排，巧妙地避开了高额违约金。

通过这个案例可以得到的启示是，大家在买一手房屋时，需要特别注意房地产开发商交付的标准是毛坯房还是精装修房。对于全权委托第三方收楼验房一定要慎重，必要时务必自行实地收房、查验房屋。如果房地产开发商指定第三方装修单位进场装修的，建议约定房地产开发商对第三方装修单位的合同履行进行连带担保，最大限度保障自己的合法权益。购房时，房地产开发商展示的样板间、广告牌和宣传资料等也要及时拍照留存，以备日后产生纠纷时使用。

约定交付精装修房,但交付时有瑕疵,可以拒绝收房吗?

买过毛坯房的人都知道,作为装修的"门外汉",各种装修问题实在是让人头疼。于是,有的购房者便倾向于买精装修房。但是诸多司法案例证明,精装修房并没用给购房者省时省力,相反一些问题增加了购房者的负担。那么当房地产开发商交付的精装修房存在这里或那里的小毛病时,购房者可以据此拒绝收楼,进而要求房地产开发商承担违约责任吗?

基本案情[1]

2015年8月20日,A公司作为出卖人、廖某作为买受人签订了《深圳市房地产买卖合同(预售)》,该合同约定:(1)本合同标的房地产建筑面积89.80平方米,套内建筑面积66.02平方米。(2)购房总价款为人民币2,914,238元,签订合同之日起1日内首期支付购房总价款的30%即884,238元,剩余价款办理按揭贷款。(3)出卖人应当于2016年11月30日前将本房地产交付给买受人;出卖人向买受人交付前,应发出《入伙通知书》,出卖人通知买受人交付后,买受人无正当理由拒绝验收或拖延验收时间的,本房地产的交付时间为出卖人《入伙通知书》中的交付期限届满之日。(4)买受人收到《入伙通知书》后,应在接到《入伙通知书》之日起7日内按《收楼意见书》的内容

---

[1] 参见广东省深圳市中级人民法院民事判决书,(2018)粤03民终24332号。

对本房地产进行验收,如有异议,应当在验收期限届满之日起 1 日内在《收楼意见书》中提出,买受人逾期不提出异议,视为同意接收本房地产;出卖人在收到异议后,应在 15 日内对异议部分作出书面答复和处理意见,逾期不予答复及处理的,视为异议事实成立,本房地产视为未交付。(5)出卖人如未在本合同约定的交付期限内将标的交付买受人,逾期在 90 日之内的,自约定的交付限届满之次日起至实际交付之日止,出卖人按日向买受人支付购房总价款万分之三的违约金,合同继续履行;逾期超过 90 日,买受人要求继续履行合同的,合同继续履行,自约定的交付期限届满之次日起至实际交付之日止,出卖人按日向买受人支付购房总价款万分之四的违约金。

同时,双方还签署了《精装修交付协议书》,合同约定:(1)装修工程在 2016 年 12 月 31 日之前完工并向廖某交付房屋,因法律规定的免责事由和买方原因造成的交付延误,卖方不承担任何法律责任。(2)基于卖方原因造成的交房延误,每延期一日卖方承担购房总价款万分之一的违约金。(3)除非有证据证明房屋存在主体结构问题或存在其他严重影响房屋正常使用的问题,否则买方不得拒绝收楼。对于买方提出的确实存在的房屋质量瑕疵,卖方按照预售合同房屋质量保修书及本协议约定进行保修。买方于验收当日不提出书面整改意见的,视为认为装修符合验收标准并同意接收房屋。(4)除本合同另有约定之外,装修部分不符合本协议约定标准的,由卖方在买方接收房屋后负责整改,不能整改的,由卖方进行更换;买方承诺,房屋交付时,本协议项下工程出现的质量问题不构成买方拒绝接收的理由,但卖方应按本协议约定承担整改、更换和保修的责任。

2016 年 12 月 12 日,A 公司通过邮寄方式向廖某发出《入伙通知书》及《入伙须知》,通知廖某于 2017 年 1 月 8 日至 15 日办理入伙手续。2017 年 1 月 12 日,廖某办理入伙手续时签收了《住宅质量保证书》《住宅使用说明书》《住户手册》《签约手册》等资料。验收当日,廖某聘请第三方服务有限公司实地验房,该第三方出具的《房屋质量咨询报告》显示所验收房屋在电气工程、门窗工程、细部工程等方面存在多处质量问题,不符合《建筑电气工程施工质量验收规范》《建筑装饰装修工程施工质量验收规范》《住宅装饰装修工程施工规范》《住宅设计规范》等规定。廖某认为该房屋不具备居住条件,拒绝接收涉案房屋,双方产生争议。随后,廖某将 A 公司起诉至法院,要求 A 公司支付 2016 年 12 月 1 日至 2017 年 5 月 28 日逾期交房违约金 208,659 元。

法院判决

本案经过一审、二审,法院最终判决 A 公司支付廖某 2017 年 1 月 1 日至 15 日的逾期交房违约金 4371.36 元。

法院认为,本案为房屋买卖合同纠纷。廖某与 A 公司之间房屋买卖关系事实清楚,双方应当依约履行各自的义务。

关于合同约定的交付房屋时间问题,虽涉案预售合同约定房屋交付期限为 2016 年 11 月 30 日前,但双方签订的《精装修交付协议书》对于房屋交付期限则另行约定为 2016 年 12 月 31 日前,因装修交付协议中已明确注明"双方不再执行《深圳市房地产买卖合同(预售)》及其补充协议关于房屋交付标准的有关条款","本协议与《深圳市房地产买卖合同(预售)》及其补充协议就同一事项约定不一致的,以本协议的约定为准",就房屋交付相关事项则应优先适用《精装修交付协议书》的约定内容。故,A 公司应当于 2016 年 12 月 31 日前交付房屋。A 公司在 2016 年 12 月 31 日至 2017 年 1 月 17 日内安排业主分批入伙,且明确告知按《入伙须知》所载期限办理入伙手续。本案中《入伙须知》通知廖某的交付房屋期限为 2017 年 1 月 8 日至 15 日。

关于房屋是否存在质量问题导致逾期交房违约情形的问题,廖某在 2017 年 1 月 8 日前往办理房屋交付手续时,曾签收部分资料。根据廖某提供的《房屋质量咨询报告》,房屋涉及的问题并不属于主体结构,未到严重影响房屋正常使用的程度,该报告涉及的问题属于一般瑕疵。根据涉案装修交付协议的约定及最高人民法院《关于审理商品房买卖合同纠纷案件适用法律若干问题的解释》的规定,仅存在一般质量瑕疵尚不足以认定 A 公司应就此承担未交付标的物的违约责任。针对此种情形,涉案装修交付协议已特别约定"自甲方书面通知约定的验收期限届满之日起",视为廖某同意接收房屋,因此,实际交房日期应为2017年1月15日。

关于应如何确定逾期交房违约金计付标准的问题,根据双方在涉案装修交付协议中的特别约定,A公司逾期交房应承担总价款日万分之一的违约金,廖某称前述约定属于A公司免除其责任、加重廖某责任、排除廖某主要权利的无效格式条款。法院认为,A公司提供的装修交付协议虽然将预售合同约定的日万分之四逾期交房违约金标准下调为日万分之一,且装修交付协议中对于前述限责条款未作出特别标示,但是,前述格式条款并未完全免除A公司的违约金责任,也未免除A公司的法定保修责任及房屋交付义务,不属于格式条款提供方"免除其责任"或"排除对方主要权利"的无效情形。而且,对于格式条款提供方限制己方责任且未采取合理方式进行提示和说明的情形,对方当事人可请求撤销该格式条款,即并非当然无效,因廖某在本案中并未提出撤销该格式条款的请求,法院按照装修交付协议约定的标准确定违约金责任,适用法律并无不当。

廖某上诉亦称按日万分之一标准计算的违约金不足以弥补其损失,应调高违约金。法院认为,根据最高人民法院《关于适用〈中华人民共和国民事诉讼法〉的解释》第91条第1项的规定,主张法律关系存在或请求权成立的当事人,应对该法律关系或请求权的构成要件事实承担举证证明责任,因此,请求增加违约金的守约方对于违约金数额低于违约所造成损失的要件事实应承担举证证明责任。廖某所称的"巨额房款"及"高额的贷款利息"本系其为购得房屋所应支付的对价及成本,前述支出的发生与A公司是否按约交房之间没有因果关系,不属因A公司违约造成的损失。而对于其所称的租金损失,亦未举证予以证明,法院难以确信违约金不足以弥补损失的待证事实具有高度可能性,依法应由其自行承担举证不能的不利后果。

因双方在《精装修交付协议书》中明确"因甲方原因造成的交房延误,每延期一日甲方承担购房总价款万分之一的违约金",据此核算,A公司应当向廖某支付逾期交房违约金 4371.36 元(2,914,238 元 ×0.01% ×15 天)。

案例评析

一、房屋交付时存在一般瑕疵,仍然视为卖方依约交付了房屋,买受人不能无故拒绝收房

根据最高人民法院《关于审理商品房买卖合同纠纷案件适用法律若干问题的解释》的规定,如果交付房屋主体结构质量不合格,或者因房屋质量问题严重影响正常居住使用时,买受人可以请求解除合同和赔偿损失。

本案中,A 公司交付的房屋仅存在一般瑕疵,该房屋可以正常使用,因此不能主张 A 公司未交付房屋。但是,交付房屋存在质量问题的,卖方应当承担修复责任;如果卖方拒绝修复或者在合理期限内拖延修复的,买方可以执行修复或委托他人修复。修复的费用及修复期间造成的损失由卖方承担。

A 公司承担逾期交房责任是因为其实际交房时间(2017 年 1 月 15 日)超过了合同约定的交房时间(2016 年 12 月 31 日),故法院判令其承担了逾期交房违约责任。由于 A 公司交付的房屋仅为一般瑕疵,因此实际交付时间为通知廖某收房期限届满之日,而非房屋修复后的时间点。

二、补充协议降低主协议的违约金,并非"免除其责任"或"排除对方主要权利"的无效情形

房地产开发商在销售房产的时候,都会与购房者签署补充协议,通过补充协议的约定修改房屋买卖合同的条款。本案中,A 公司便通过签署补充协议的方式降低了房屋买卖合同中关于房地产开发商的违约责任。那么这种降低自身违约责任的条款效力如何呢?

房地产开发商在销售房产的时候,与购房者签署的一般均为格式合同,即房地产开发商为了重复使用而预先拟定,并在订立合同时未与购房者协商的合同。根据《民法典》第 496 条和第 497 条的规定,采用格式条款订立合同的,提供格式条款的一方应当遵循公平原则确定当事人之间的权利和义务;如果提供格式合同的一方不合理地免除或者减轻其责任、加重对方责任、限制对方主要权利,有关合同条款无效。

　　本案中,虽然 A 公司提供的《精装修交付协议书》将《深圳市房地产买卖合同(预售)》中违约金计算标准从万分之四降为万分之一,但是该约定并未完全免除 A 公司的逾期交房责任,且未免除 A 公司的法定保修责任及房屋交付义务,不属于格式条款提供方"免除其责任"或"排除对方主要权利"的无效情形。法院最终按照装修交付协议约定的标准确定违约金责任。

三、请求增加违约金的守约方对于违约金数额低于违约所造成损失的要件事实应承担举证证明责任

　　根据《民法典》第 585 条的规定,约定的违约金低于造成的损失的,人民法院可以根据当事人的请求予以增加。但是当事人想要实现自己诉求的,需要证明实际损失确实低于合同约定的违约金。因此,本案的廖某主张合同约定的违约金低于其所遭受的损失,应当承担举证责任。廖某主张为此承担了"巨额房款及利息",但在审理过程中,法院查明本案房屋价格并没有超过市场价格,且房款及利息是其购买房屋理应承担的成本,且 A 公司的违约行为与其支付购房款利息无因果关系。最终,法院并未支持廖某增加违约金的诉请。

四、合同未约定违约金,卖方逾期交房的,购房者可主张租金损失

　　根据最高人民法院《关于审理商品房买卖合同纠纷案件适用法律若干问题的解释》,如果商品房买卖合同没有约定违约金数额或者损失赔偿额计算方法,买受人可以按照逾期交付使用房屋期间有关主管部门公布或者有资格的房地产评估机构评定的同地段同类房屋租金标准主张损失。由于卖方逾期交房,必将导致购房者按约定时间收楼的合同目的落空,随之带来的后果是购房者需要为此另行租房,来满足其正常生活居住的需求。因此,如果房屋买卖合同没有约定违约责任,而卖方逾期交房,购房者可按照租金标准主张损失。

房屋买卖补充协议里有多少"陷阱"?

在购买一手房屋时,房地产开发商都会与购房者签订《深圳市房地产买卖合同(预售)/(现售)》,这份合同一般为国土部门出具的统一格式文本,该合同签署后需要到国土部门办理备案登记。但由于每个房地产开发商及每个楼盘情况都不一样,房地产开发商又会在这个格式合同之后,与购房者签署补充协议,对前面这份主协议进行变更和补充。

买房时要签署的文件非常多,而且每份文件的页数也很多,很少有购房者认真仔细地阅读房屋买卖合同到底写了什么,很容易忽略补充协议对主合同做了哪些变更和补充。

本文通过一个案例分析补充协议到底会做哪些修改,而这些修改有时候未必对购房者有利。

基本案情[1]

2017年10月30日,陈某(买受人)与A公司(出卖人)签订了一份《深圳市房地产买卖合同(预售)》,约定陈某向A公司购买房屋,建筑面积为89.94平方米,房屋总价为3,095,492元。该《深圳市房地产买卖合同(预售)》内有合同附件,合同附件对合同的主条款做了变更和补充。笔者将主协议条款及附件条款修改情况做了对比,详见表1。

---

[1] 参见广东省深圳市龙岗区人民法院民事判决书,(2020)粤0307民初28377号。

表 1　某房地产买卖合同主合同条款和附件条款对照

序号	主要内容	主合同条款	附件条款
1	出卖人逾期交付的违约责任	合同第 12 条：出卖人如未在本合同约定的交付期限内将本房地产交付买受人，按下列第二种方式处理：(1)逾期在 90 日之内(含 90 日)的，自约定的交付期限届满日之次日起至实际交付之日止，出卖人按日向买受人支付购房总价款万分之三的违约金，合同继续履行；(2)逾期超过 90 日的，买受人有权在约定的交付期限届满之日起半年内解除合同；买受人解除合同的，出卖人应当退还买受人全部已付款并支付按中国人民银行公布的同期贷款利率计算的利息，同时按本房地产总价款的 10% 向买方支付违约金，违约金不足以补偿买受人实际损失的，出卖人应补偿其差额；买受人要求继续履行合同的，合同继续履行，自约定的交付期限届满日之次日起至实际交付之日止，出卖人按日向买受人支付购房总价款万分之四的违约金	补充条款第 12 条：交付期限届满时未达交付条件、标准的，买受人同意给予出卖人 3 个月的交付宽限期，宽限期内买受人不追究出卖人的违约责任；在交付宽限期满后因出卖人原因仍然无法交付房产的，出卖人按月向买受人支付已收本房地产价款的 1‰ 作为违约金，延期交付超过 1 年的，买受人有权单方面解除合同；出卖人应退还买受人已付的购房款(不计利息)，并按本房地产买受人已付购房款的 1% 向买受人支付违约金，出卖人不再另行补偿买受人其他损失；买受人要求继续履行合同的，合同继续履行，自约定的交付之次日起至实际交付之日止，出卖人按月向买受人支付已收本房地产价款的 1‰ 作为违约金；无论买受人是否解约，出卖人因交房迟延所付违约金总额不超过买受人已付房款的 1%
2	通知与送达	合同第 27 条：本合同中的通知应采取书面形式；邮寄特快专递通知时如接收方拒收，在邮件发出之日起第 3 日视为送达；若采取上述方式后，通知仍未送达，可以选择报纸公告送达，送达日为公告当天，买卖双方地址以本合同载明的通信地址为准	补充条款第 4 条：出卖人按如下方式之一向买受人履行通知义务：(1)出卖人当面通知买受人的，买受人签收之日为通知到达时间；(2)出卖人按合同载明的地址向买受人寄出特快专递，寄出第 3 日为通知到达时间；(3)出卖人将通知公告于当地报纸的，公告刊出之日即为通知到达日

续表

序号	主要内容	主合同条款	附件条款
3	交付时的验收	合同第11条约定：买受人应在接到《入伙通知书》之日起5日内按《收楼意见书》内容对本房地产进行验收；如有异议，应当30日内在《收楼意见书》中提出；买受人逾期不提出异议，视为同意接收本房地产；出卖人在收到买受人异议后，应在15日内对异议部分作出书面答复和处理意见；出卖人逾期不予答复及处理的，视为买受人异议事实成立，本房地产视为未交付；买受人同意出卖人书面答复和处理意见的，应当在出卖人处理完毕并书面通知买受人之日起5日内对本房地产重新验收；买受人重新验收后，没有异议的，本房地产视为已按重新验收期限交付	补充条款第11条：(1)买受人应在《入伙通知书》中通知的入伙日期5日内验收房产，如有异议，应在验收期满当日提出，逾期不提出，视为买受人对本房产无异议，同意接收；(2)出卖人通知买受人入伙后，买受人无正当理由拒绝验收或无正当理由拖延验收时间的，本房地产的交付时间为买受人《入伙通知书》中的入伙期限届满之日；(3)买受人认为本房地产不符合本合同约定的交楼标准的，出卖人根据该意见整改完毕，买受人须在出卖人通知验收期限5日内到现场再次进行验收，买受人逾期未验收的，则视为该房产已按照合同约定的标准交付给买受人；整改完毕买卖双方对整改结果仍有不同意见的，则以政府主管部门或专业检测机构的检测意见为准；(4)买受人逾期收房，逾期收房超过30日的，则从31日起，每逾期1天向出卖人支付总房款的万分之一违约金，逾期超过180日的，出卖人有权单方解除本合同，同时买受人向出卖人支付总房款10%的违约金

笔者先简单总结一下主协议和补充协议变更的重点内容。

1.卖方逾期交房的违约责任

主协议：逾期90日，按总房款每日万分之三的标准计算违约金，逾期90日，按总房款每日万分之四的标准计算违约金；如果解约，卖方退还房价，还需支付利息及总房款10%的违约金。

补充协议：买方给卖方3个月宽限期，宽限期之后，按总房款每月1‰的标准计算违约金，违约金上限为总房款1%；如果解约，卖方无息退还房价，并支付总房款1%的违约金。

在补充协议中设置宽限期相当于将交付日期延后了3个月,同时卖方违约金大大减少,缩减了10倍。

2. 通知与送达方式

主协议:先采用特快专递通知,如果无法送达,再采用报纸公告送达。

补充协议:可以当面通知,可以采用特快专递通知,也可以直接报纸公告送达。

补充协议中,卖方可以在三种方式中任选一种,主协议必须先快递,快递无法送达才能报纸公告。

3. 交付时的验收

主协议:买方应当在收到《收楼意见书》30日内提出异议,卖方在15日内对异议部分作出处理。

补充协议:买方5日内验收房产并提出异议,出卖人根据该意见整改完毕后,买方逾期收房的,每日按总房款万分之一的标准支付违约金,且卖方有权解除合同,要求买方再支付10%违约金。

补充协议缩短了买方验房时间,却未限制卖方整改时间,同时增加买方逾期收房的违约责任,该违约责任比卖方逾期交房的违约责任重得多。

本案中,由于卖方逾期交房,购房者将其诉至法院,请求法院判令卖方支付逾期交房违约金自2019年6月30日暂计算至2020年7月10日,共计437,702.57元(按照总购房款3,095,492元的日万分之三计算)。

法院判决

经过审理,法院判决A公司应于本判决生效之日起3日内向原告陈某支付延迟交房违约金23,950.56元。

法院认为,原告与A公司签订的《深圳市房地产买卖合同(预售)》系当事人的真实意思表示,没有违反法律法规的强制性规定,合法有效,当事人应当依约履行。

关于迟延入伙的问题,本案中,A 公司于 2019 年 1 月 25 日取得涉案项目的《深圳市竣工验收备案收文回执》,已具备合同约定的交付条件,于 2019 年 6 月 30 日委托物业公司向原告等业主发出《延期入伙的通知》,自认涉案项目还存在严重影响楼宇使用的 14 项未完成的工程,无法在 2019 年 6 月 30 日入伙,故 A 公司构成迟延入伙。

关于通知的问题,A 公司没有向陈某发出书面《入伙通知书》,而是选择于 2019 年 7 月 11 日和 8 月 22 日两次在《深圳特区报》刊登公告通知业主分批入伙。A 公司上述行为违反双方在《深圳市房地产买卖合同(预售)》第 27 条"通知与送达"中约定的入伙通知方式,且 A 公司不采取直接送达或邮寄送达入伙通知书,而直接采用公告送达入伙通知书的方式,极易造成原告不知晓自己所购房屋的入伙时间,使其正当权益受损。虽然双方在合同附件五第 4 条对上述合同第 27 条作了变更约定,但因为合同附件五第 4 条是被告提供的格式条款,且该条款内容免除了被告合理送达的义务,排除了原告通过合理送达的方式知晓入伙时间的权利,应为无效条款,不产生对合同第 27 条变更约定的效力,双方仍应按合同第 27 条履行。故被告 A 公司于 2019 年 7 月 11 日和 8 月 22 日两次在《深圳特区报》刊登公告通知业主入伙,违反了合同约定的入伙通知方式,属于无效通知,致原告延迟在 2020 年 8 月 30 日入伙的责任应由被告 A 公司承担。

关于违约金问题,被告 A 公司应当依约向原告支付延迟交房违约金。根据合同附件五《补充条款》第 12 条的约定,原告给予 A 公司 3 个月的延迟交房宽限期,宽限期内不追究违约责任。合同约定交房时间为 2019 年 6 月 30 日,3 个月宽限期过后,应当从 2019 年 10 月 1 日开始计算延迟交房违约金。同时根据该条约定,延迟交房违约金的标准按已付房款每月 1‰计算,计至实际交房之日(2020 年 8 月 30 日),共计 33,950.56 元(3,095,492 元×1‰×10 个月+3,095,492 元×1‰×30 天÷31 天)。A 公司已委托他方向原告补偿了 10,000 元,该 10,000 元应予以扣除,剩余 23,950.56 元 A 公司应予以支付。原告请求延迟交房违约金标准按已付房款每日万分之三计算,与双方约定不符,法院不予支持。

案例评析

本案中,买卖双方通过签署补充协议的方式对深圳市统一的一手房屋买卖格式合同做了变更。根据上文笔者对主协议和补充协议的对比,便能发现补充协议加重了买方的义务,减轻了卖方的义务。

对于违约金条款,本案中房地产开发商迟延交房总计 14 个月,如果按照主合同约定的违约金计算方式,房地产开发商应当支付违约金 474,848.47 元。但是按照补充协议的约定,前 3 个月是豁免期,房地产开发商逾期不需要承担违约责任,后面几个月按照每个月 1‰ 的标准计算,违约金为 33,950.56 元。两种违约金计算方式相差约 44 万元。

对于通知条款,按照主协议,房地产开发商应当优先采用邮寄的方式通知,只有在邮寄无法送达时,才能在报纸上公告通知。但是在本案中,补充协议约定房地产开发商有权选择采用邮寄或者直接在报纸上公告的方式送达。房地产开发商也确实在没有通知购房者的情况下,直接在报纸上公告,购房者根本无法获悉房地产开发商已经通知了收房事宜。按照合同约定,如果逾期不收房的,视为购房者收房,房屋无质量问题。审理过程中,法院明确了由于补充协议的通知方式免除了房地产开发商合理送达的义务,排除了购房者通过合理送达的方式知晓入伙时间的权利,应为无效条款。本案审理时《民法典》尚未出台,适用的是《合同法》。根据《合同法》第 39 条、第 40 条、第 41 条关于格式条款的规定,格式条款是当事人为了重复使用而预先拟定,并在订立合同时未与对方协商的条款。如果提供格式条款一方免除其责任、加重对方责任、排除对方主要权利的,该条款无效。法院认为房地产开发商提供的格式条款规避了自身的通知义务和责任,因此判定合同约定的通知方式无效。关于格式条款的规定,现行的《民法典》第 496 条、第 497 条、第 498 条沿用了原来《合同法》关于格式条款的规定,对于不合理地免除或者减轻其责任、加重对方责任、限制对方主要权利的条款规定为无效。

经过法院审理,虽然买方获得了违约金,但是与其诉求相差了40多万元。而且综观整个协议,房地产开发商给出的补充协议使购房者在房屋买卖交易中完全处于弱势。而购房者作为完全民事行为能力人,在合同上签字就代表了认可协议,除非合同条款存在无效情形,否则购房者是无法否认其效力的,更不可能以没有仔细阅读不知道协议内容的理由推翻协议。

现在房屋买卖涉及金额较大,关系每个人切身利益。因此,在买房的时候,务必认真仔细阅读每一份需要签字的文件,一旦签字,这些文件将对自身产生约束。如果发现其中有不平等或者不公平的约定,一定要与对方协商确认,切记不要因为要签署的材料太多无暇阅读,草草签字了事。

房地产开发商宣传"两房改三房"未能实现，购房者如何维权？

在一手房销售市场，我们时常能看到房地产开发商在广告中宣传所售房产可以改建，实现"两房改三房"，提升使用率和使用功效。这类房产非常受欢迎，特别是在深圳，建筑面积八九十平方米的房产如果能合理利用改成三房，很快就能被抢购一空。本文案例中，房地产开发商在广告中宣传"两房改三房"，实际未能实现，购房者将房地产开发商起诉到法院。

基本案情[1]

2017年10月30日，陈某（买受人）与A公司（出卖人）签订了一份《深圳市房地产买卖合同（预售）》，约定陈某向A公司购买房屋，建筑面积为89.94平方米，房屋总价为3,095,492元。出卖人应当于2019年6月30日前将本房地产交付给买受人。出卖人向买受人交付前，应发出《入伙通知书》，《入伙通知书》中应注明实际交付的本房地产的套内建筑面积、交付办理期限、交付手续办理地点等；买受人对出卖人所交付的房地产无异议的，应对出卖人交付的本房地产的钥匙出具收条，该收条视为本房地产实际交付的凭据。合同签订后，陈某向A公司付清了购房款。

A公司在销售涉案楼盘时，宣传说可以多搭建一个"多功能房"实现"两

---

[1] 参见广东省深圳市中级人民法院民事判决书，(2021)粤03民终14737号。

房变三房"或者"三房变四房",但因该搭建行为违法,已被政府相关职能部门阻止,多名购房者为此曾有信访维权行为。2019 年 12 月 18 日,深圳市市场监督管理局龙岗监管局对 A 公司发布上述含有虚假或者引人误解内容的广告的违法行为作出行政处罚决定书。

由于所购房产无法按照 A 公司的广告搭建一个"多功能房",陈某将 A 公司诉至法院,要求 A 公司退还面积差价 289,125.51 元。

法院判决

法院认为,陈某与 A 公司签订的《深圳市房地产买卖合同(预售)》系当事人真实意思表示,没有违反法律法规强制性规定,合法有效,当事人应当依约履行。

A 公司在宣传销售时展示的户型图与实际不符,该"多功能房"实际系由规划的"采光井"位置违法搭建而成,并非房屋的合法面积。A 公司通过在销售中心进行现场样板房展示、提供户型平面图册、发布微信公众号等方式对"多功能房"进行了宣传。A 公司所宣传的"多功能房"搭建于规划的采光井位置,位置和面积明确具体,上述宣传对买受人的购房意愿和房价的确定均有重大影响,应当认定为要约。由于上述"多功能房"系违法搭建,违反了建设工程规划,双方有关搭建并交付"多功能房"的约定应当认定无效。

一般来讲,在有"多功能房"的情况下,买受人会愿意以更高的价格购买,因此,A 公司有关"多功能房"的宣传会对买受人的购房意愿和议价产生误导。而在有关"多功能房"的约定被认定无效,事实上 A 公司也未能交付"多功能房"的情况下,A 公司反而因违法行为获利(卖出了更高的价款),买受人则遭受房款损失。根据《合同法》第 58 条的规定,[1] A 公司应当将上述获利返还给买受人。关于获利的多少,由于双方对于"多功能房"的价款未作出单独约定,应当按照一般情况下,因为有"多功能房"买受人所愿意多付

---

[1] 本案审理时适用《合同法》。相关规定参见《民法典》第 157 条。

的房屋价款来进行确定。基于本案实际情况,为节省司法资源和当事人的鉴定费用,法院综合考虑双方当事人的主观过错、宣传的"多功能房"面积、房款总价等因素,根据公平原则和诚信原则,酌情判定 A 公司按照房屋总价款4%的标准向陈某返还房款。经核算,A 公司应当向陈某返还房款123,819.68 元(3,095,492 元×4% = 123,819.68 元)。

案例评析

大家在购买房屋的时候,遇到此类房产需要谨慎再谨慎。

(1)除非房地产开发商在广告中作出了明确的说明或承诺,否则宣传内容只是要约邀请,不是要约,购房者不能据此要求房地产开发商赔偿损失。

房地产开发商现在对于宣传尺度和文字表达都非常谨慎,在宣传物料中虽然呈现出可以改造的设计效果,但是均会注明图片或样板间仅为设计效果,不构成买卖合同的内容,并且在买卖合同里只会约定按照原本的规划格局交付,不承诺以改造后格局交付。但是购房者在购买房产的时候一般只会关注设计效果,并不会在意房地产开发商作出的提示。这就造成购房者在一开始就对销售房产产生了错误认识,认为自己买的是改造后的房产。本案陈某的诉请之所以获得支持,是因为"二房改三房"这一卖点被 A 公司反复宣传,改造的"多功能房"的位置和面积明确且具体地出现在宣传资料上。对于能突破规划多设计一个房间的格局,必然会对购房者是否买房产生决定性影响。因此法院依据最高人民法院《关于审理商品房买卖合同纠纷案件适用法律若干问题的解释》第 3 条判决 A 公司返还部分房价款。

深圳市福田区人民法院审理的马某诉深圳市某基业投资有限公司(以下简称某基业公司)等房屋买卖合同纠纷案是一个与本案类似但是结果完全相反的案例。[1] 在这个案例中,购房者马某主张自涉案楼盘销售之初,某基业公司就以"85 平方米的户型可以做四房,拓展后的面积可达 134 平方

---

[1] 参见广东省深圳市福田区人民法院民事判决书,(2017)粤 0304 民初 613 号。

米"作为宣传重点,通过平面广告、户外广告、网络媒体等方式进行了大力宣传。马某受广告的影响,前往楼盘销售中心参观样板房,并购买了该楼盘房产。交付时,马某发现实际交付的房屋为两房两厅两卫半个阳台,面积只有85平方米,与宣传的四房两厅两卫一厨两阳台、面积134平方米相差甚远,于是起诉房地产开发商,要求房地产开发商支付由于面积差所产生的违约金。

法院经审理查明,某基业公司制作的《购房风险提示》记载:"所有与本项目有关的楼书、广告、宣传资料(折页、生活手册、户型单页),现场展示的模型和样板房等所载的文字、图片内容和数据仅为要约邀请,并不构成买卖合同的组成部分,双方的权利义务均以买卖合同及其《买卖双方补充协议》为准;售楼处展示模型、样板房非最终交楼标准,仅供参考。"

法院认为马某提交的网页媒体报道内容无法表明由某基业公司作出,显示的版权人亦非某基业公司,因某基业公司不予确认,该篇报道无法证明某基业公司向马某承诺购买的涉案房产可达134平方米。而且,马某提交的一张户型图为网页打印资料,无法表明由某基业公司作出;另一张户型图未注明项目名称,且标明的建筑面积为约85平方米,还有"上图仅为设计师创意展示空间示意,仅供参考……均不作为交楼标准"的内容,马某也未证明该户型图系某基业公司提供的。某基业公司对该两张户型图均不予确认。马某依据该两份户型图主张某基业公司允诺涉案房产面积可达134平方米,法院亦无法采纳。某基业公司的《购房风险提示》《购房须知》均明确所有广告、宣传资料、现场展示和样板房所载的文件、图片内容和数据仅为要约邀请,并不构成买卖合同的构成部分,双方在签署的《房地产买卖合同》附件五中也明确约定了样板房仅供参考,不作为合同组成部分,相关内容以双方所签订的合同为准,双方的权利义务以买卖合同及补充协议的约定为准,样板房非最终交楼标准。马某请求某基业公司双倍返还面积不足部分对应的房价款,法院不予支持。

对比两个案件我们可以发现,收集房地产开发商销售房产时的宣传资料格外重要。本案购房者能获得法院支持的关键证据就是宣传资料，A公司对于改造这个卖点的宣传是明确且具体的，构成要约。而在马某这个案例中，相关宣传资料均不是房地产开发商制作，不能以此认为房地产开发商的宣传内容构成要约。实践中，房地产开发商会委托很多宣传媒体，如公众号、抖音、快手等第三方机构营销号为楼盘宣传，但是如果宣传不是房地产开发商自行作出的，不能视为房地产开发商作出承诺或要约。马某这个案例即一个典型例子。本案中，如果A公司对于该卖点只是模糊描述一笔带过，或者只是委托第三方宣传，并非亲自对改造内容作出承诺的话，那判决可能又是另外一个结果了。

（2）改造这个卖点需要对合同订立和房价有重大影响。

2021年5月20日深圳市住房和建设局出台《深圳市住房和建设局关于进一步规范新建商品住房和商务公寓销售价格指导工作的通知》。目前深圳一手房销售均有备案价，房地产开发商不得擅自突破备案价销售，一手房价格基本倒挂二手房价格。由于一手房价格被严格把控，同一地段的新房销售价基本都维持在相似的水平上。本案发生时间在上述通知实施之前，房地产开发商可以自行确定销售价格，"二房改三房"这个卖点确实影响了案涉楼盘的销售价格，因此购房者的诉求获得法院支持。但是，从2021年5月20日之后，深圳的房地产开发商须按照备案价销售，基于政府监管，"两房改三房"等各类卖点很难影响房产价格，也比较难出现某个楼盘的单价因为某些卖点明显高于周围一手楼盘单价的情况。因此，从深圳目前对一手房的监管情况来看，改造的卖点对房屋价格的影响只会越来越小，购房者援引最高人民法院《关于审理商品房买卖合同纠纷案件适用法律若干问题的解释》中关于房地产开发商宣传对房屋价格产生重大影响的规定来实现维权目的的难度较大。

（3）如果房屋涉嫌突破规划搭建而成，违反法律强制性规定，这种违法行为无效。

法律不保护因为违法行为获得的利益，所以因违法行为未能实现而主张利益损失，法院一般不予支持。实践中，不少"二房改三房"或者赠送面积都是通过突破规划来实现的，这种情形下，如果购房者以房型改造未达预期为由要求房地产开发商继续履行合同或者主张赔偿损失的，极有可能不会获得法院支持。

因此，购房者在买房时，关于房屋的面积、格局、交付标准等均要回归与房地产开发商签署的房屋买卖合同。房地产开发商对于宣传口径和尺度基本做了法律风险防范，其在广告和样板房中展示的装修效果或设计成果均只能作为参考，并不是交付的标准。购房者在购买房屋时，建议其详细了解待售房产基本情况，如果不清楚或者理解不到位的，最好去咨询专业人士，切勿冲动购房。

房地产开发商抵押待售房产导致合同无法履行，购房者如何维权？

目前,房地产下行,很多房地产开发商开始出现资金问题,不得不抵押房产套现。这些被抵押房产就不乏未出售的新房。如果买到被抵押的房产,购房者应当如何维权？

基本案情[1]

2016年4月28日,张某与A公司签订《深圳市房地产认购书》,约定张某购买A公司位于某广场项目的×××号房产;购房总价款为530万元;签订本认购书时,买方应向卖方支付定金10万元。该认购书第5条约定,因卖方原因导致买卖合同无法在约定时间内签订正式的买卖合同(除不可抗力及政府主管部门因素之外),卖方应双倍返还买方已付定金。认购书备注注明:客户交纳10万元定金,保留该套房产;待该房产可以办理手续时,在销售人员以短信、微信或电话通知后20天内,客户必须到销售中心办理合同手续,否则房地产开发商有权没收定金,将此房另行销售。

张某于合同签订当日向A公司支付了10万元定金,但双方一直仍未签订正式买卖合同,张某遂诉至法院,要求:(1)解除双方签订的《深圳市房地产认购书》;(2)A公司双倍返还定金共计20万元。

---

[1] 参见广东省深圳市中级人民法院民事判决书,(2017)粤03民终20666号。

法院判决

本案经过一审、二审,最终判决解除双方签订的《深圳市房地产认购书》,A 公司应当向张某双倍返还 20 万元定金。

法院认为,张某与 A 公司之间签订了《深圳市房地产认购书》,该认购书合法且符合自愿原则,为有效合同。依法成立的合同,对双方当事人具有法律约束力,双方均应按照约定履行各自的契约义务。

双方签订认购书之后一直未能签署正式房屋买卖合同系由于涉案房产被抵押。A 公司称张某在签署认购书时已经知悉涉案房产处于抵押状态,张某不予认可,且 A 公司并未提交证据证明其在与张某签订认购书时告知了张某该房产处于抵押状态。在签订认购书 1 年多的时间里,A 公司仍未与张某签订正式的房地产买卖合同,签订该认购书时 A 公司即存在履约瑕疵,致使 A 公司无法按照合理的时间履行合同并出现违约情形。

涉案预约合同对签订正式合同的时间没有约定,但签订正式合同为双方的主要义务,涉案房产存在抵押登记为双方签订并履行正式合同的障碍,A 公司作为卖方有义务在合理期间内消除该障碍。张某在签订预约合同后已履行了催告的义务,而 A 公司 1 年多一直未消除抵押登记,与张某签订正式合同的等待时间明显超过了合理期间。法院最终认定 A 公司构成违约,应当向张某双倍返还定金。

案例评析

购房者在买房时应该注意什么问题,避免不必要的麻烦呢?

一、买房之前做好必要的调查

企业在做重大资产并购重组或者投资的时候,都会聘请律师和会计师做尽职调查。购房对于普通消费者来说,也是一次重大资产投资,有的人甚至这一辈子只买一次房。如此重大的交易,购房者应当对标的房产做必要的调查。例如,了解房产的房地产开发商是谁、房产的"五证"是否齐全、房屋容积率、在售房屋销售方案、《商品房买卖合同（示范文本）》等。前述基础信息均需在售楼处公示。了解这些信息，一方面可以对房产有个整体的了解，另一方面也可以考察该房地产开发商是否规范。规范成熟的房地产开发商均会按照有关要求公示必备的证件和材料，如果连基本的公示信息都无法完整全面地展示出来，那么该房地产开发商出现违约风险的概率就更高。

另外，在购买房屋前，可以查询该房地产开发商的涉诉信息。目前，通过裁判文书网、企查查、天眼查及启信宝等途径均能查到涉诉信息。如果房地产开发商涉诉信息过多，涉案金额较大，那么不排除房地产开发商名下房产存在被查封的可能性。此时，购买房屋就需要更加谨慎。必要的时候，可以聘请律师等专业人员协助调查，降低购房风险。

二、注意保留与房地产开发商工作人员的聊天记录

购房者在买房时直接接触的就是销售人员，销售人员会向购房者提供很多与房产相关的基础信息。购房时，购房者可以直接询问销售人员有关房产是否存在抵押的情形。如果销售人员闪烁其词，就应当注意；如果销售人员故意隐瞒房产抵押情况，购房者因此遭受损失的，房地产开发商需要承担相应的赔偿责任。要妥善保存好与销售人员之前的聊天记录，这些材料均可以作为证据材料，向法院提交。但是需要注意的是，购房者要明确销售人员身份，确认其是否是房地产开发商的工作人员。房屋售楼处有很多销售人员是中介机构的人员，并非房地产开发商工作人员。如果对接的是中介人员，中介人员对房屋作出的承诺、介绍等均不能视为房地产开发商的行为，所以沟通之前务必明确对方身份。

三、尽量购买大房地产开发商的楼盘

目前房产行情下行，有的房地产开发商出现资金问题，被债权人申请财产保全。因此，建议购买房产时，尽量选择口碑好、信誉佳的大房地产开发商。一方面，此类房地产开发商出现风险的可能性较低；另一方面，即便该类房地产开发商出现纠纷，一般不至于产生因破产而无法偿债的情形。

四、注意合同约定的是否是"定金"

根据《民法典》的规定,使用定金罚则的前提是双方对有关款项约定的是"定金"。很多房地产开发商为了规避双倍定金罚则,会采用"订金""意向金"等表述。"订金""意向金"等表述是无法适用定金罚则的,如果房地产开发商违约,购房者只能要求其返还有关款项,不能主张双倍返还。如果发现房地产开发商"打擦边球",可以要求其采用"定金"表述,同时在转账时备注好"定金",以免双方对有关款项定义模糊而产生分歧。

本案当事人从购房到最终判决生效奔波了近两年的时间,维权的成本很高。在这两年期间,当事人可能会损失其他优质的投资机会。因此,购房之前对房产做基本的调查和了解非常关键。

房地产开发商售楼宣传有学位，实际却没有，购房者该怎么办？

购房者在选择购置房产时，通常会考虑几个重要因素，一是房产所在位置，二是房产售价，三是房产配套设施，而配套设施中，最为购房者看重的便是教育配套问题。一套房产是否配备学校，已经成为购房者最终决定是否购房的关键因素。房地产开发商也利用了购房者的需求，在售楼宣传的时候打"擦边球"，作出一些模糊的诱导式广告，导致不少购房者入住时才发现所购置房产与当初宣传的存在差异，然后起诉维权。但不少案件最终的审判结果为购房者败诉，下面笔者就结合案例，阐述购房者如何避雷。

基本案情[1]

2013年，A公司获得案涉房产所在地块使用权。该地块挂牌文件载明：本次出让宗地中托幼用地、小学用地及社会停车场库用地不出让，项目成交并且区政府完成土地交付工作后，由竞得人出资建设上述用地并无偿移交相关主管单位。

此后，A公司在开发案涉房产项目过程中，曾试图引进中关村某小学，但最终未成功。在该房产项目配套小学建成并由A公司于2018年7月移交房山区教委后，房山区教委协调将房山区某小学纳入北京市某中教育集团

---

[1] 参见北京市第二中级人民法院民事判决书，(2021)京02民终5574号。

管理体系,成立北京市某中教育集团某小学铭品校区。案涉房屋所在小区即在该小学招生范围内。同时,A公司还曾试图引入甲幼儿园教育资源,但最终亦未成功,双方于2016年6月30日解除了合作意向协议。此后案涉房产项目引入了乙幼儿园。

在此期间,A公司曾委托某房地产经纪有限公司代为销售案涉项目房产。某房地产经纪有限公司销售人员于2017年3月29日以视频直播方式在该房产项目售楼处现场介绍该房产项目过程中,宣称该项目自建配套小学为中关村某小学。该直播视频在搜狐焦点网站刊载播放,直至2019年5月14日才被删除。同时,某房地产经纪有限公司销售人员还曾宣传该小区配套幼儿园为甲幼儿园,相关视频于2015年9月8日上传至腾讯视频平台。

2017年7月27日,赵某(买受人)与A公司(出卖人)签订《预售合同》。合同约定:赵某向A公司购买位于北京市房山区某镇18-02-05、18-02-09地块A10某住宅楼501的房屋;该商品房的用途为普通住宅;该商品房单价为每平方米62,941.2元,总价款共计6,800,797元;付款方式为一次性付款。

该合同附件十二《补充协议》载明了特别提示(该部分条款字体均加黑)的内容。第4条"商品房相关设施设备交付条件"补充如下……出卖人与买受人一致同意,凡建于出让地块范围内或与该出让地块相邻的市政基础设施(包括但不限于市政道路、桥梁等)及其他设施(包括但不限于学校、幼儿园等),不属于《预售合同》及本补充协议约定的交用范围,出卖人仅负责建设,该等设施的交用以其接收方的具体安排为准,出卖人不就其向买受人承担任何形式的责任。第17条"关于广告及宣传资料信息的约定",双方确认:出卖人为本项目销售制作之一切介绍、宣传及广告资料等(包括但不限于沙盘模型、售楼书、宣传折页、报纸、电视广告、建筑模型、样板间展示、售楼人员的相关介绍等)仅供买受人参考,不构成出卖人为本项目所作之任何承诺,亦不构成相应购房合同的组成部分,有关内容均以《预售合同》、附件及本补充协议为准。对于出卖人发布的广告和宣传资料中涉及但《预售合同》及其附件、补充协议未规定的事项,不作为交房标准,出卖人不受其内容约束。双方在交易过程中口头表示的意向和信息,既不构成《预售合同》及其附件,也不对本补充协议内容产生约束力,双方均以《预售合同》及其附件、本补充协议约定的内容为准。该《补充协议》每一页均有赵某签名。

2019年5月,涉案小区部分购房业主以该项目自建配套小学与A公司前期宣传不符为由向北京市房山区市场监督管理局(以下简称房山区市场监管局)举报A公司虚假宣传。2019年12月11日,房山区市场监管局向A公司出具《行政处罚决定书》,认为:A公司在销售涉案项目房屋过程中,通过销售人员作虚假或引人误解的商业宣传,将带有不确定性的学校以确定的信息对外宣传,违法事实清楚;A公司的行为违反了《反不正当竞争法》第8条第1款的规定,该局依法责令A公司停止违法行为,并作出罚款180万元的行政处罚决定。赵某认为购买案涉房产是为了让自己的两个孩子上中关村某小学,现该目的无法实现,是因A公司违约。因此,赵某将A公司起诉至法院,并要求A公司赔偿违约金。

法院判决

本案经过一审、二审,法院最终判决驳回赵某全部诉讼请求。

法院认为,赵某与A公司所签订的《预售合同》及其附件、《补充协议》均系双方真实意思表示,内容不违反法律法规强制性规定,合法有效。

根据查明的事实,A公司在委托案外公司宣传销售案涉房屋项目过程中,确实存在虚假宣传。但应注意的是,首先,《补充协议》明确约定:双方一致同意凡建于出让地块范围内或与该出让地块相邻的市政基础设施(包括但不限于市政道路、桥梁等)及其他设施(包括但不限于学校、幼儿园等),不属于《预售合同》及其附件、《补充协议》约定的交用范围,A公司仅负责建设,不就上述设施向赵某承担任何形式的责任。其次,《补充协议》约定:关于广告及宣传资料信息的约定,双方确认A公司为案涉房屋项目销售制作之一切介绍、宣传及广告资料等(包括但不限于沙盘模型、售楼书、宣传折页、报纸、电视广告、建筑模型、样板间展示、售楼人员的相关介绍等)仅供赵某参考,不构成A公司为该项目所作的任何承诺,亦不构成相应购房合同的组成部分,有关内容均以《预售合同》及其附件、《补充协议》为准。最后,根据《补充协议》,对于A公司发布的广告和宣传资料中涉及《预售合同》及其附件、《补充协议》未规定的事项,不作为交房标准,A公司不受其内容约束;双方在交易过程中口头表示的意向和信息,既不构成《预售合同》及其附件、《补充协议》的内容,也不具有约束力。双方购房事宜均以《预售合同》及其附件、《补充协议》约定的内容为准。

由此可见,双方已通过《补充协议》对案涉房屋配套学校及幼儿园除建设之外不属于A公司的合同义务以及案涉房屋相关宣传均不构成购房合同组成部分作出了明确约定。虽然《补充协议》为格式合同,但是《补充协议》开篇"特别提示"中即以字体加黑方式明确载明,A公司在签订合同之前已向赵某出示了《预售合同》示范文本及其全部附件等文件,并按照赵某的要求对相关条款作出了充分、完整的说明,赵某已知悉且无异议;赵某系在充分理解上述合同文件并了解商品房及其内外环境的基础上才签订了涉案合同、附件及该补充协议;双方亦一致确认《预售合同》及其附件、《补充协议》为双方平等协商达成,所有条款均经双方审慎考虑后认可。

法院认为:首先,A公司在签约过程中已针对《预售合同》及其附件和《补充协议》涉及双方权利义务的条款向赵某作出了提示和释明。赵某作为完全民事行为能力人在《补充协议》每页均予签名,可视为其对此予以了确认。故上述条款亦应视为赵某的真实意思表示,其应受到约束。其次,虽然A公司实际引入的教育资源与其宣传不符,但亦可满足赵某等涉案小区业主子女就近入学的需求。最后,《预售合同》及其附件和《补充协议》均未明确约定A公司实际引入的教育资源与其宣传不符时应承担给付违约金的责任。综上,赵某以A公司虚假宣传为由要求A公司给付违约金缺乏依据,法院不予支持。

案例评析

本案中，A公司已经因为学位事宜涉嫌虚假宣传被房山区市场监管局进行了行政处罚，为何买方起诉A公司承担违约责任，仍然败诉呢？广告宣传的边界到底在哪里？下面笔者给大家逐一答疑解惑。

一、房地产开发商在广告中的宣传是否均可视为房屋买卖合同中的一部分？

答案是否定的，广告宣传的内容并不等于房屋买卖合同的内容。

根据最高人民法院《关于审理商品房买卖合同纠纷案件适用法律若干问题的解释》第3条的规定，商品房的销售广告和宣传资料为要约邀请，但是出卖人就商品房开发规划范围内的房屋及相关设施所作的说明和允诺具体确定，并对商品房买卖合同的订立以及房屋价格的确定有重大影响的，构成要约。该说明和允诺即使未载入商品房买卖合同，亦应当属于合同内容，当事人违反的，应当承担违约责任。

房地产开发商的广告宣传内容视为房屋买卖合同内容，需要满足三个条件，缺一不可：一是宣传内容具体，房地产开发商的承诺明确；二是宣传内容针对房地产开发商开发规划范围内的房屋；三是宣传内容或承诺对房屋的价格和合同的订立有重大影响。如果房地产开发商的宣传内容是模糊的，未作出诸如购置房产即能进入某某名校之类的明确承诺，那么相关宣传内容不能视为房屋买卖合同的内容。房地产开发商仅对销售房产周围的配套设施进行介绍，不能视为房地产开发商对购房者作出了房产有学位的明确承诺。

二、房地产开发商常见的宣传套路有哪些？

（一）宣传学位打"擦边球"

房地产开发商为了规避最高人民法院《关于审理商品房买卖合同纠纷案件适用法律若干问题的解释》第3条的风险，通常在宣传学位的时候，会采取模糊的说法。

比如，在贺某与某公司商品房销售合同纠纷案例中，房地产开发商宣传楼盘的广告载明"三大省级名校就在家门口""金阳大社区三大名校十二年一站式教育省府路小学、19中、红黄蓝幼儿园入驻金阳大社区"。贺某受广告影响,购买了相关房产,入住之后才发现孩子不能入读广告中所列出的名校,于是起诉房地产开发商承担违约责任。经过审理后,法院判决贺某败诉。法院认为,房地产开发商的广告宣传内容仅载明名校入驻金阳大社区,而涉案房产确实在该社区,广告宣传内容属实;而且,房地产开发商并未允诺购房人可以就读名校。因此,贺某要求房地产开发商承担违约责任的诉请没有获得法院支持。[1]

有的房地产开发商在宣传销售中营造房产带学位的氛围,在广告中玩文字游戏,如果购房者不仔细阅读广告,或者没有冷静分析和思考,非常容易产生错误的认识。上面案例就是广告中的"擦边球"和文字游戏让购房者产生错误认识,认为房产有名校学位。这类宣传内容在法律上并不构成最高人民法院《关于审理商品房买卖合同纠纷案件适用法律若干问题的解释》第3条规定的情形,所以购房者必须小心谨慎。

(二)通过合同规避潜在风险

1. 规避口头承诺带来的潜在风险

房地产开发商在销售过程中,为了促成交易,会口头承诺购房者一些福利。房地产开发商为了规避潜在的风险,在与购房者签订房屋买卖合同的时候,会通过合同条款规避一些潜在的风险。比如,在本案中,A公司与赵某签署的《补充协议》中明确约定,"双方在交易过程中口头表示的意向和信息,既不构成《预售合同》及其附件及本补充协议内容,也不具有约束力",因此即便房地产开发商工作人员或房地产经纪公司口头作出了承诺,有关承诺均不构成房屋买卖合同中的约定,赵某不能以销售人员的口头承诺要求房地产开发商承担责任。

---

[1] 参见贵州省贵阳市中级人民法院民事判决书,(2021)黔01民终3321号。

2. 规避销售宣传带来的潜在风险

本案中，A公司与赵某签署的《补充协议》约定，"双方确认A公司为案涉房屋项目销售制作之一切介绍、宣传及广告资料等（包括但不限于沙盘模型、售楼书、宣传折页、报纸、电视广告、建筑模型、样板间展示、售楼人员的相关介绍等）仅供赵某参考，不构成A公司为该项目所作的任何承诺，亦不构成相应购房合同的组成部分"，该约定再次排除了赵某以广告宣传作为房屋买卖合同内容，要求房地产开发商承担责任的风险。

（三）通过中介规避风险

销售房产的时候，房地产开发商会与中介方合作，一起推广房产，然后从成交购房款中支付一定比例中介费给中介方。购房者在预售中心看到的销售人员未必是房地产开发商的工作人员，多数是销售中介。有的中介会进行夸大宣传，如承诺学位、承诺购房返利等；有些宣传是房地产开发商授意的，因为房地产开发商自己不能做此类宣传，有些宣传是中介为了完成交易，自行夸大或胡乱承诺的。当发生纠纷的时候，购房者会发现作出承诺的不是房地产开发商，直接找房地产开发商维权很难胜诉。

三、购房者如何避雷

大部分房地产开发商经过"千锤百炼"已经能准确识别一个楼盘在销售过程中可能存在的潜在风险，并形成了成熟的风控体系，以谋求自身利益最大化、风险最小化。房地产开发商在开盘前一般会进行开盘风险检查，逐一将宣传物料、广告内容、销售口径进行核查，对销售现场陈列的沙盘及样板房等提示标语进行清查，以免对购房者产生误导。在合规方面，房地产开发商会严格按照法律规定对格式条款进行加粗、明显提示，并要求购房者在合同每一页签名。

购房者有效的避雷办法就是冷静。

（一）冷静地分析房地产开发商作出的广告宣传

如果有关房产可能带有学位，务必了解清楚有关学校规划建设情况，必要时向教育局确认有关学校的招生范围。购房者应当清楚地意识到，即便名校就在购置房产旁边,也并不意味着购置房产就能让子女在该名校招生范围内。因此理性地分析、充分地了解是一个购房者必备的基本能力。如果上文案例中的贺某能仔细阅读房地产开发商的广告,可能会发现其中的端倪,避免深陷不能入读名校,且被法院判决败诉的情况。

(二)冷静地阅读房屋买卖合同

根据《商品房销售管理办法》的规定,房地产开发商应当在订立商品房买卖合同之前向买受人明示《商品房销售管理办法》和《商品房买卖合同示范文本》,因此销售现场均会公示《商品房买卖合同示范文本》。未买房之前无法知晓合同内容并不是购房者推脱责任的合理理由。如果在公示的合同文本中发现了诸多加粗显眼的特别提示条款,购房者应当仔细逐条阅读,并与实际销售现场的情况进行比对,如果发现合同文本内容与实际销售情况差别很大,那购房时就必须提高警惕。

(三)冷静地了解房产周边情况

购房者除了要了解能实地看到的情况,还应当了解其他隐藏信息,如房地产开发商在销售相关楼盘时,是否存在因虚假宣传或不当销售行为被予以行政处罚的情形;房地产开发商在销售过程中是否已经卷入诉讼案件。这类隐藏信息通过上网检索均可以了解一二。

购置房产交易金额大、交易时间长、维权成本高,购房者要提前了解必要的法律知识,购房时多听多问多看,保持冷静理性的头脑,可以有效地保障自己的合法权益,切勿被销售现场的热烈气氛冲昏头脑。

房地产开发商在房屋买卖合同中限制自己的责任有效吗？

律师在给客户起草合同时，通常会使用责任限制条款，即通过设定合同条款的方式帮助客户设定赔偿的范围，以避免客户在合同履行中出现赔偿远大于获利，导致权利义务不对等的情形。责任限制条款常见于保险合同，保险人通过设定保单条款的形式，对某些特殊情况下的特殊危险责任加以限制或排除。在房屋买卖合同中，房地产开发商也会使用责任限制条款，如"除不可抗力及甲方能以预计的客观情况外导致的……甲方不再承担责任"，那么这类责任限制条款在房屋买卖合同中效力如何呢？

基本案情[1]

2015年8月15日，原告张某与被告A公司签订诉争预售合同及补充合同，合同约定：甲方（A公司）定于2015年12月31日前将该房屋交付给乙方（张某），除不可抗力及其他甲方难以预计的客观情况外（客观情况包括但不限于非因甲方原因导致的以下情况：供水、供电、煤气、排水、通信、网络、道路等公共配套设施的延误、规划调整导致的工程推延、政府政策变化等），还约定如遇不可抗力，本合同对于交房、大产权证取得及小产权证申领约定的

---

[1] 参见张甲、张乙诉上海某实业投资有限公司商品房预售合同纠纷案，载《最高人民法院公报》2019年第5期。

时间相应顺延;本合同所指不可抗力的范围包括自然灾害、动乱、恶劣天气、政府行为、市政配套的批准与安装、重大工程技术难题以及其他无法预见、无法避免或控制、无法克服的事件和情况等。嗣后,张某陆续支付了购房款。2016年7月1日,张某与A公司双方办理了交房手续。张某认为A公司逾期交房,以致涉讼。张某请求法院判令A公司支付逾期交房违约金58,185元。

房屋逾期交付原因在于诉争房屋所在小区的燃气管道外管工程的施工被属地村民阻挠,该工程不能如期完成。2016年2月16日,政府召开协调会进行协调,工程得以顺利进行。2016年4月20日,燃气管道外管工程竣工验收。2016年5月9日,燃气公司出具合格证明。2016年6月2日,被告A公司取得建设工程规划验收合格证。2016年7月1日,A公司取得新建住宅交付使用许可证。

法院判决

经过二审终审,法院判决A公司向张某支付逾期交房违约金32,292.15元。

法院认为案件争议焦点在于:(1)诉争责任限制条款是否具有法律效力;(2)诉争责任限制条款是否应当适用于本案。

一、关于诉争责任限制条款是否具有法律效力的问题

诉争预售合同补充条款第8条约定,导致不能按期交房的"其他难以预计的客观情况"包括:供水、供电、煤气、排水、通信、网络、道路等公共配套设施的延误,发生上述情况不属于被上诉人A公司逾期交房。第15条规定,"因市政配套的批准与安装"等"无法预计、无法避免或控制、无法克服的事件和情况",A公司可以顺延约定的交房日期。

法院认为,诉争责任限制条款属于被上诉人A公司事先拟定,并在房屋销售中重复使用的条款,属于格式条款的范畴。诉争责任限制条款使用了小号字体,而且根据对当事人陈述的签约过程的分析,A公司并未采取足以引起注意的方式对该条款予以说明。根据最高人民法院《关于适用〈中华人民共和国合同法〉若干问题的解释（二）》第9条[1]的规定，提供格式条款的一方当事人违反《合同法》第39条第1款关于提示和说明义务的规定，[2]导致对方没有注意免除或者限制其责任的条款，对方当事人申请撤销该格式条款的，人民法院应当支持。诉争责任限制条款虽然以列举免责事项的方式限制了逾期交房违约责任的范围，但并未绝对免除A公司的违约责任。根据上述法律规定，诉争责任限制条款属于可撤销的格式条款，而非绝对无效之格式条款，因张某在法定的1年除斥期间内并未申请撤销该条款，故该条款仍属有效。

二、关于诉争责任限制条款是否应当适用于本案的问题

关于诉争责任限制条款中的概括描述是否影响其适用的问题，诉争责任限制条款所列举的事项中包括"煤气、道路公共配套设施"，但在对此类事项的概括性定义中使用了甲方（A公司）"难以预计""无法预见"的表述。对此，法院认为，配套工程施工虽然不在被上诉人A公司的受让地块范围之内，但作为一家专业的房地产开发企业，配套工程出现延误的理论可能性是其在建造之初就能够预见的，其制定诉争责任限制条款的目的也正是在于防范此类风险。因此，"难以预计""无法预见"的表述是对列举事项所作的错误描述，此类事项不属于法定可免责的"不可抗力"范畴。但在列举事项已经具体明确的前提下，该表述并不影响双方就责任限制所达成的基础合意，不构成完全排除该条款适用的事由。

关于被上诉人A公司是否在签约时对配套工程延误风险负有告知义务的问题，根据诉争预售合同约定，A公司应及时将免责事项的发生情况告知购房者。对此，法院认为，第一，被上诉人A公司明知配套工程完成是整体工程竣工验收的前提条件，应当对配套工程的具体进展保持关注，据此预判实际可交房的时间。政府部门与配套施工单位的签约日期为2015年3月

---

[1] 本案审理时适用该解释，现已失效。
[2] 本案审理时适用《合同法》。相关规定参见《民法典》第496条第2款。

23日，A公司的陈述及相关证据显示，由于施工地块未完成土地征收，当地居民与政府部门存在争议，阻挠施工，导致配套工程无法开工，陷入停滞状态。同年3月27日，A公司得知该情况后便向政府部门发函催促，但在2015年8月尚不存在能够消除居民阻挠因素的迹象。直至2015年12月30日，配套施工单位在协调会议中仍然不能确定实际进场的施工日期。如果停滞状态延续，将势必造成整体工程竣工延误。因此，"配套工程延误导致逾期交付房屋"在2015年3月27日虽然还不是确定发生的事实，但也已经不再是抽象的理论可能性，而是A公司已知的现实存在的显著风险。

第二，交房期限是购房者选择购房的重要考量因素，在没有收到风险告知的情况下，购房者无法对交房期限的实际可行性进行有效评估，在签约时陷入了信息不对称的意思状态。被上诉人A公司虽然期望障碍因素能够在后续履行中消除，但土地征收问题导致的施工停滞是根本性的延误因素，该因素并非A公司可以主观控制的范围，而且依照常理判断，土地征收需要履行法律规定的程序，无法于短期内得到快速解决。在交房期限事实上存在重大不确定性的前提下，A公司的风险隐瞒行为可能对购房者的信赖利益造成实际损失。因此，A公司不能以后续可能追赶进度为由免除自身的告知义务，法院认定A公司对自2015年3月27日起签约的购房者均负有对配套工程延误风险的告知义务。诉争预售合同的签约日期为2015年8月15日，A公司未对上诉人张某告知相应风险，违反了合同约定的告知义务。

第三，关于被上诉人A公司的风险隐瞒行为是否导致排除诉争责任限制条款适用的问题，诉争责任限制条款中并未明文记载免责事项的产生时间限制。上诉人张某主张在被上诉人A公司隐瞒延误风险的情况下，约定的免责事项仅能适用于签约后新发生的情形，不应适用于本案，是对合同条款的限制解释；A公司主张风险事项的产生时间不应对免责范围构成影响，诉争责任限制条款应当适用于本案，其是基于合同文义的基本理解。

第四，诚实信用原则下的购房者信赖利益价值高于格式条款提供者（被上诉人A公司）的责任风险限定利益。交房期限条款与诉争责任限制条款之间的互补逻辑关系应解释为:诉争责任限制条款的适用范围限于签约后发生的不确定风险事项,不能适用于签约时被隐瞒的现实风险事项。A 公司主张其风险隐瞒行为不影响诉争责任限制条款的适用,法院不予采纳。本案中,被上诉人 A 公司在 2015 年 3 月 27 日就已明知配套工程受阻停滞,产生了现实的延误风险,但其在 2015 年 8 月 15 日签约时并未向上诉人张某告知该风险事项,而是承诺于 2015 年 12 月 31 日交房。配套工程受阻停滞的现实风险产生于系争预售合同签订之前,在后续没有出现新的风险事项的情况下,原有的风险状态持续延展,最终导致系争房屋于 2016 年 7 月 1 日才完成交付。A 公司的上述行为违背了对具有现实可行性的交房期限的承诺,无权就配套工程延误主张适用诉争责任限制条款。

案例评析

一、何为责任限制条款?

赔偿责任限制条款是指在合同中,对本方在合同中的责任进行限制。一般来说,赔偿责任限制包括两个方面的限制:赔偿范围的限制和赔偿金额的限制。

常见的赔偿范围限制是对间接损失的限制,我国法律规定和司法实践一般支持直接经济损失,间接损失由于无法预见、损失大小无法估量的特点,一般很难被法院支持,因此设置合同条款时,一般约定赔偿受损方直接经济损失,间接损失不在赔偿之列。另外一种责任限制条款为赔偿金额的限制,如约定赔偿金额不超过合同总价款的 20%,或者约定赔偿金额以一方履行合同所获得的利益为限。

设置责任限制条款通常是为了明确赔偿金额和范围,减少双方之间因地位不同或理解不同带来的分歧;同时也是为了保持双方权利义务对等,避免一方对另一方主张不合理的赔偿。

二、责任限制条款效力如何呢?

责任限制条款会针对某一方合同当事人设置一定的责任或者义务,特别是提供格式条款的一方应当采取足以引起注意的方式对有关条款予以说明。提供格式条款的一方未履行提示或者说明义务，致使对方没有注意或者理解与其有重大利害关系的条款的，对方可以主张该条款不成为合同的内容。如果提供格式条款一方不合理地免除或者减轻其责任、加重对方责任、限制对方主要权利或者排除对方主要权利的，有关条款无效。因此，在设置责任限制条款时，务必用加粗、画下划线等醒目的方式提示对方，否则可能会产生有关条款不发生效力的后果。

三、责任限制条款如何适用？

本案中，合同条款约定"除不可抗力及其他甲方难以预计的客观情况外，客观情况包括但不限于非因甲方原因导致的以下情况：供水、供电、煤气、排水、通信、网络、道路等公共配套设施的延误、规划调整导致的工程推延、政府政策变化等"，对于有关情形的发生时间没有明确约定。A公司在签订合同之前就明知有工期延迟的情形，并隐瞒了可能存在的风险。从权益对等的角度出发，如果A公司明知有风险，仍能通过协议安排限制自己的责任，那么对于买受人是极其不公平的。这相当于买受人一开始就处于弱势地位，有悖合同双方地位平等、权利义务对等的原则。责任限制条款作为防范风险的措施之一，应当公平地对未来双方均无法预知的情况进行约定，而不能成为合同一方，特别是合同强势一方制约对方的手段。所以本案中，法院也认为A公司事前已经知道工程延迟的情形，在解释合同条款时，合同限定的责任事项应当指合同签订后发生的新情况，而非合同签署前已知的情形。

四、如何应对和使用责任限制条款呢？

从购房者角度而言，签订合同的时候务必逐字逐句地阅读合同。房屋买卖合同关系到购房者的切身利益，切记不要图省事直接在合同上签字。实践中有太多发生争议之后，发现自己签的合同和自己认为的合同有重大偏差的情形。一旦发现合同条款有不合理或者理解有歧义的条款，应当及时与对方沟通确认。

从出卖人角度来说,责任的限制应当公平合理,不能完全免除自己的义务或者完全排除对方的权利。责任限制条款原本是为了更好地防范风险,切记不要利用责任限制条款作为制约他方的手段。设置责任限制条款时,建议用醒目的方式提示对方,并向合同当事方解释有关条款。

　　综上,责任限制型格式条款本质上是一种风险转移约定,根据诚实信用原则,在签约时,提供方除了需要对条款内容进行重点提示,还应当对免责范围内已经显露的重大风险进行如实告知,以保护相对人的信赖利益。提供方故意隐瞒重大风险,造成相对人在信息不对称的情况下达成免责合意,应当认定相对人的真实意思表示中不包括承担被隐瞒的重大风险,免责合意的范围仅限于签约后发生的不确定风险。在后续履约中,因恶意隐瞒重大风险最终导致违约情形发生,提供方不能主张适用免责条款排除自身违约责任。

二手房篇

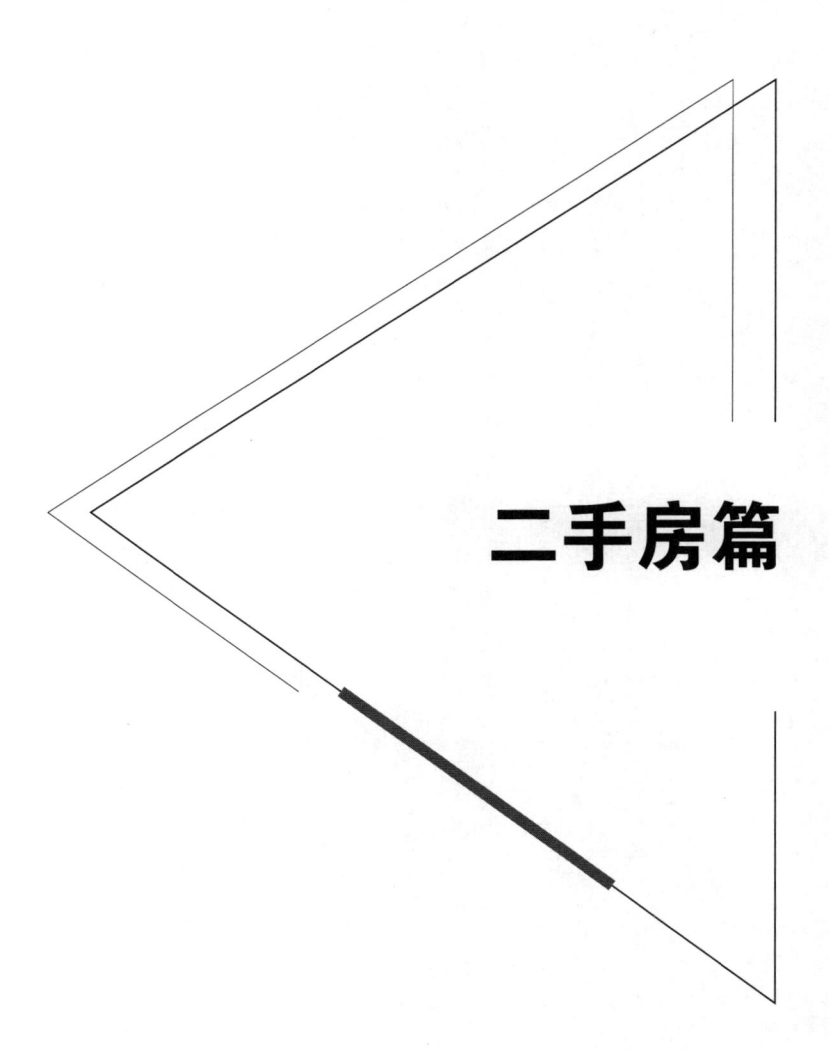

二手房自主交易与中介找房，
向左走还是向右走？

2021年8月18日，"个人自主挂牌房源"功能正式上线"杭州市二手房交易监管服务平台"，这标志着杭州二手房交易打破了中介的垄断，走向了自主交易的新模式。而且该"杭州市二手房交易监管服务平台"是杭州房管部门旗下的交易平台，政府部门将在事前、事中、事后全程监管。自主交易与通过房产中介找房相比有什么不同？房产中介找房常见的纠纷有哪些？下面笔者将通过二手房买卖案例来一探究竟。

基本案情[1]

2008年下半年，卖方李某在多个房产中介公司挂牌销售。2008年10月22日，其中一家房产中介A公司带着买方陶某看了该房产。2008年11月23日，B公司带陶某之妻曹某看了该房产。2008年11月27日，C公司带陶某看了该房产，并于同日与陶某签订了《房地产求购确认书》。该确认书第2.4条约定，陶某在查看过该房产后6个月内，陶某或其委托人、代理人、代表人、承办人等与陶某有关联的人，利用C公司提供的信息、机会等条件但未通过C公司而与卖方达成买卖交易的，陶某应按照与出卖方就该房地产买卖达成的实际成交价的1%向C公司支付违约金。当时C公司对该房屋

---

[1] 参见上海市第二中级人民法院民事判决书，(2009)沪二中民二(民)终字第1508号。

报价165万元，而某房地产顾问D公司报价145万元，并积极与卖方协商价格。11月30日，在D公司居间下，陶某与卖方签订了房屋买卖合同，成交价138万元。后买卖双方办理了过户手续，陶某向D公司支付佣金1.38万元。

C公司知道后起诉陶某，诉称陶某利用C公司提供的房产销售信息，故意跳过中介，私自与卖方直接签订购房合同，违反了《房地产求购确认书》的约定，属于恶意"跳单"行为，请求法院判令陶某按约支付C公司违约金1.65万元。

法院判决

本案经过一审和二审，法院最终驳回C公司全部诉讼请求。

C公司与陶某签订的《房地产求购确认书》属于居间合同性质，其中第2.4条的约定属于房屋买卖居间合同中常有的禁止"跳单"格式条款，其本意是防止买方利用中介公司提供的房源信息"跳"过中介公司购买房屋，使中介公司无法得到应得的佣金。该约定并不存在免除一方责任、加重对方责任、排除对方主要权利的情形，应认定有效。[1] 根据该条约定，衡量买方是否"跳单"违约的关键，是看买方是否利用了该中介公司提供的房源信息、机会等条件。如果买方并未利用该中介公司提供的信息、机会等条件，而是通过其他公众可以获知的正当途径获得同一房源信息，则买方有权选择报价低、服务好的中介公司促成房屋买卖合同成立，而不构成"跳单"违约。

本案中，卖方通过多家中介公司挂牌出售同一房屋，陶某及其家人分别通过不同的中介公司了解到同一房源信息，并通过其他中介公司促成了房屋买卖合同成立。因此，陶某并没有利用C公司的信息、机会，故不构成违约，法院对C公司的诉讼请求不予支持。

---

[1] 本案审理时适用《合同法》。相关规定参见《民法典》第497条。

案例评析

在房产中介参与的二手房买卖中,"跳单""中介赚差价"是最容易出现的纠纷,本案即因"跳单"产生的纠纷。那么什么是"跳单",中介服务的本质是什么,常见的"中介赚差价"又是什么,自主交易与中介找房又有什么不同呢?

一、何为"跳单"?

在介绍什么是"跳单"之前,我们需要先理解什么是中介服务。根据《民法典》第961条的规定,中介服务是中介人向委托人报告订立合同机会或者提供订立合同的媒介服务。中介人促成合同成立后,委托人应当按照约定支付报酬。通常情况下,房产中介前期需要陪同买方看房踩盘,直至找到合适房源,在买卖双方签订房屋买卖合同后,房产中介还需要协助买卖双方办理按揭贷款及过户等手续。在我国二手房交易多为卖方市场,虽然卖方委托房产中介放盘,但是承担中介费的是买方。房产中介获得报酬的前提是买卖双方达成交易。实践中,一般以双方签订房屋买卖合同作为达成交易的标志。如果中介未能促成房屋买卖合同的签订,则不得请求买方支付报酬。

另外根据《民法典》第965条的规定,如果买方接受了房产中介的服务,利用中介提供的交易机会或媒介服务,绕开中介直接签订合同的,应当向中介支付报酬。这就是所谓的"跳单"。法律之所以这么规定,归根结底是因为诚实信用原则。任何违背诚信,撕毁合约的行为不仅不会获得法律的肯定评价,还要承担违约责任,赔偿守约方的损失。

回归到本案,评价买方是否"跳单",应当判断买卖双方达成交易是否利用了C公司提供的媒介信息。本案的卖方在多个房产中介放盘,这说明买方可以从多个房产中介公开地获得涉案房源的信息。C公司只是提供了看房的服务,该看房服务并不是促使买卖双方成交的关键行为,前面的A公司和B公司同样提供了看房服务。从基本案情我们可以知道,买方找了多个中介了解了该房产,最终促使其交易成功的关键因素在于价格,促成交易的某房地产顾问公司提供的最终房产交易价格比 C 公司报价足足少了 27 万元。每个房产中介放盘的基本信息都是相似的，但是交易价格却大相径庭，这是房产中介核心竞争力所在，也是能否成交的核心所在。显然 C 公司并没有促成买卖双方的交易，因此 C 公司主张买方陶某违约，要求其支付中介服务费的诉请被法院驳回。

那常见的"跳单"行为有哪些呢？一般情形下，买方只能获取房源信息，无法获取卖方联系方式。如果房产中介向买方提供了房源信息、卖方的联系方式或者与卖方的见面机会等，即将要签房屋买卖合同时，买方跳开房产中介直接与卖方达成交易的行为就是"跳单"。当房产中介提供了促成交易的机会，买方"跳单"的，买方应当向房产中介支付相应的报酬。

2022 年 5 月，有自媒体声称，一对明星夫妻接受某房产中介服务后绕开中介买房，该明星夫妻一时间深陷舆论旋涡。房产中介提供了当时带该明星夫妻看房的微信聊天记录和照片，以力证自己被"跳单"。结合本文的案例，我们就能清晰地分析出仅提供看房服务并不足以促使买卖双方达成交易。买方有权通过多个途径了解房源信息，并选择服务最优、价格最低的中介方。如果仅仅提供过房源信息或者提供看房服务，并不能视为完成了中介服务。2023 年 4 月，该中介合同纠纷一审文书公开，审理的法院判决中介方败诉。法院经审理认为，案涉房产卖方与多家中介公司达成非独家委托代理销售合作，明星夫妻虽然接受了中介的看房服务，但是看房之后双方再无联系，无法确认中介公司与明星夫妻之间仅凭带看房即成立了中介合同关系，更无法确认明星夫妻事先或事后知晓会承担带看房后另行委托其他中介的法律后果，中介公司要求认定明星夫妻存在"跳单"的主张，缺乏事实和法律依据。

因此，中介方不得滥用《民法典》第 965 条有关"跳单"的规定，随意向买方索取中介费。法律保护诚实信用原则，也杜绝对他人合法权利的侵犯。

二、中介找房踩雷踩坑？

2021 年 10 月，买方夏女士一次性花了 4150 万元购买了一套二手房，并支付了33.2万元的中介佣金费用。夏女士入住之后,被邻居提示购买价格过高,于是与原业主联系后发现,原业主实际售价为3900万元,差额250万元被房产中介拿走。在二手房交易中,时常有卖方和中介"背靠背"的行为,即卖方提供房产出售底价给房产中介,房产中介通过拉高实际成交价赚差价。对于买方来说,其不仅支付了中介费,还被中介吃了差价。卖方与房产中介"背靠背"的行为涉嫌串通欺诈买方,根据《民法典》第962条的规定,如果中介故意隐瞒与订立合同有关的重要事实或者提供虚假情况,损害买方利益的,不得请求支付报酬并应当承担赔偿责任。因此,买方如果遇到此类情形,应当第一时间收集证据,向法院提起诉讼。深圳市房地产中介协会曾在2020年9月3日出台《关于实施"佣金透明化"要求的通知》(深房中协字〔2020〕36号),要求房地产中介机构提供中介服务,应把服务项目、计费依据与标准及各方应付佣金及其税费分担等情况明确告知交易双方,不得"背靠背"刻意隐瞒牟取不正当利益,或与一方当事人串通损害另一方当事人利益。但是此类"背靠背"行为仍然屡禁不止,这也是杭州出台二手房自主交易规定的深层原因之一。

三、自主交易能否替代中介找房?

如前所述,我国二手房交易为卖方市场,买方相对比较弱势。卖方房源一般需要通过中介挂牌交易,买方很难获取卖方的直接联系方式,中介垄断二手房交易市场的局面一直未被打破。由于中介掌握了信息差,便会频频出现中介"背靠背"吃差价又同时向买卖双方收中介费的乱象。为了让二手房交易回归健康理性,于是杭州率先推出二手房自主交易的模式,让更多二手房买卖双方自行交易。二手房自主交易一方面可以让买卖双方避免支付高昂的中介费,另一方面可以促进中介行业的正向发展。良性竞争下,此举可以打破一些不必要的信息差,让中介朝着提高服务质量和专业能力的方向发展。

自主交易的诞生,能否直接取代中介呢? 其实,答案是否定的。一个专业的房地产中介可以帮助买方快速匹配合适的房源。买房是个巨大的工程，其中涉及购房资格、房产税费、按揭贷款、学位问题等，如果单凭买方的精力去找到适合自己的房源可能存在一定的难度，而中介可以从巨大的房源库中帮助买方匹配合适的房源。特别是一些专业的中介机构，可以为买方提供产权调查的服务，帮助买方买到产权无重大瑕疵的房产。另外，中介机构多与金融机构合作，买方买房的同时，可以直接通过中介的协助办理抵押贷款。原来中介服务的核心在于掌握卖方联系信息，一旦房源交易公开自主化，房产中介核心竞争力将从掌握信息差变为提供专业高质量的服务。从长远来说，这是正向发展的态势。

四、自主交易可能带来什么法律问题？

从此次杭州出台的二手房自主模式来看，卖方拟出售的房源可以挂在杭州市二手房交易监管服务平台自行出售，也可以在中介方挂牌。这就会出现潜在的法律问题，如怎样判定"跳单"行为。如果买方通过中介获取到交易机会或媒介服务，然后直接通过自主交易平台联系卖方进行交易，房产中介能否以"跳单"为由要求买方支付报酬将存在争议。自主交易模式下，房产中介提供的中介服务与自主成交的界限如何划定，如何规范二手房交易，在未来仍需要不断探索。

以房抵债有效吗？以房抵债和让与担保、流抵押有何区别？

以房抵债是债务清偿中很常见的一种做法，但并不是所有的以房抵债都合法有效，以房抵债需符合一定的条件才能生效，并且生效之后能否切实地实现债权也是实践中常常遇到的问题。本文就通过一个案例聊聊以房抵债应该注意的问题。

基本案情[1]

2013年9月21日至2015年1月23日，A分4次共向汤某借款250万元，B分3次共向汤某借款200万元。上述7笔借款的借款时间、金额及还款期限均不同，最后一笔借款的清偿期为2015年7月23日。A和B二人均与汤某签订《借款协议书》。因A、B二人未能按期清偿借款，2015年10月16日，A、B二人以及C公司与汤某签订了7份《商品房买卖合同》，约定C公司代为偿还A、B二人对汤某的借款，并以名下房产抵债。

C公司为小型房地产开发公司，上述7份《商品房买卖合同》涉及的房屋是由C公司开发建设的，该房地产项目一部分是被拆迁人的回迁房，另一部分是正常销售的商品房。2013年4月至2015年5月，C公司与被拆迁人签署了《拆迁补偿协议》，并将该房地产项目中的回迁房交付给被拆迁人占

---

[1] 参见吉林省长春市中级人民法院民事判决书，(2018)吉01民终244号。

有、使用；剩余部分 C 公司与其他买受人签署了《商品房买卖合同》，也将该房地产项目中商品房部分交付给买受人占有使用。

汤某向 C 公司主张权益，要求 C 公司将房屋过户至自己名下并完成交付，C 公司向法院起诉，以房屋价格过低显失公平为由，要求撤销与汤某之间的合同。

法院判决

法院认为，C 公司因欠付汤某借款，在债务履行期限届满后无法偿还，双方签订案涉 7 份《商品房买卖合同》以房抵债，性质上属于对债务履行方式的变更，双方之间形成商品房买卖合同关系。案涉商品房买卖合同是双方真实意思表示，内容不违反法律、行政法规的强制性规定，应认定合法有效。

虽然 C 公司以合同约定价格过低构成显失公平为由主张撤销，并且经房地产造价公司司法鉴定证明案涉 7 套房屋的市场价值高于抵债价格，但构成显失公平需同时满足主观和客观要件。主观要件为订立合同时一方利用优势、对方轻率、无经验而有与对方订立显失公平合同的故意。涉案商品房买卖合同是基于以房抵债，在 C 公司无力还债后，为尽快清偿债务而与汤某签订的，是经双方协商一致并进行利益衡量后的结果，房屋抵债价格是否显失公平不能仅以是否低于市场价衡量；并且 C 公司作为房地产开发企业，具备市场销售经验，又无证据证明在签订合同时汤某利用了优势地位或者其受到了汤某胁迫，故 C 公司以显失公平为由主张撤销案涉商品房买卖合同没有事实及法律依据。

汤某胜诉了但是真的能实现债权吗？

如前面基本案情中阐述的事实，C 公司与汤某签订《商品房买卖合同》的同时，把涉及的 7 套房产先行回迁或者出售给了 7 个案外自然人。汤某胜诉却无法实现债权，汤某又将 C 公司起诉至法院，要求其履行合同义务，将涉案房产过户至自己名下。

经过法院审理，法院认为 C 公司与汤某签订的 7 份《商品房买卖合同》

已经法院判决认定合法有效,且判决已发生法律效力。但是涉案房产有部分为拆迁补偿安置房屋,最高人民法院 2003 年发布的《关于审理商品房买卖合同纠纷案件适用法律若干问题的解释》[1]第 7 条第 1 款规定:"拆迁人与被拆迁人按照所有权调换形式订立拆迁补偿安置协议,明确约定拆迁人以位置、用途特定的房屋对被拆迁人予以补偿安置,如果拆迁人将该补偿安置房屋另行出卖给第三人,被拆迁人请求优先取得补偿安置房屋的,应予支持。"本案中,被拆迁人与 C 公司间的《拆迁补偿协议》是双方真实意思表示,不违反有关法律法规的强制性规定,是合法有效的,故被拆迁人优先取得补偿安置房屋。

对于出售部分,C 公司已经先行出卖给他人并已转移占有,视为房屋的交付使用,导致 C 公司与汤某签订的商品房买卖合同在事实上履行不能。汤某虽然办理了商品房买卖合同备案登记,但并没有办理房屋变更登记,而且没有证据证明 C 公司与第三人存在恶意串通的行为,因此汤某要求被告立即交付房屋的诉讼请求无法得到支持。汤某只能要求 C 公司承担违约责任。

案例评析

一、以房抵债效力如何,以房抵债与让与担保、流押之间是什么关系?

实践中,常见的以房抵债存在以下几种情形:

第一种是本案中的情况,A 向 B 借钱,A 没钱偿还后,以自己的房产抵债。

第二种是 A 向 B 借钱,为了担保 B 的债权,A 把自己的房屋过户至 B 名下,A 到期未能偿还债权时,B 将该房屋拍卖、变卖所得价款用来清偿债权。如果房款抵偿债权后有剩余,应当返还 A,如果房款不足以抵偿债权,B 有权向 A 继续追偿剩余债权。

---

[1] 本案审理时适用 2003 年的解释,2020 年修正时该条款已删除。

第三种是 A 向 B 借钱,为了担保 B 的债权,A 把自己的房屋过户至 B 名下,A 到期未能偿还债权,B 直接将房产归为自己所有,以了结双方间债权债务。

第一种情形法律上称为以房抵债。以房抵债性质上属于对债务履行方式的变更,将本来用金钱偿还的债务,换为用房产偿还。这种抵偿方式关键点在于房屋价值与债权是否相当,双方当事人地位如何,以房抵债协议签署时,双方是否是真实意思表示,有无胁迫、欺诈的情形。本案中,虽然房产价值大于实际债权价值,但以房抵债的是房地产开发公司,C 公司作为房地产开发公司比一般人具有更强的专业知识和判断能力,并且双方之间也没有胁迫或者汤某更具优势地位压制 C 公司的情形,因此 C 公司以显失公平为由撤销合同未能获得法院支持。只要以房抵债这种履行方式没有违反法律禁止性规定、损害社会公共利益或者第三人利益等无效情形的,法院一般会认定其合法有效。

第二种情形法律上称为让与担保。债务人或者第三人与债权人订立合同,约定将财产在形式上转让至债权人名下,债务人到期清偿债务,债权人将该财产返还给债务人或第三人,债务人到期没有清偿债务,债权人可以对财产拍卖、变卖、折价偿还债权。担保的财产可以是动产,也可以是不动产。让与担保是担保的一种形式,实践中很常见。这种担保需要注意的是,虽然债务人将自己的财产转让至债权人名下,但是并不意味着债权人就实际拥有了该财产的所有权。所以法律上规定的是将财产"形式上"转让至债权人名下。这种转让功能的设置是为了担保权的实现,债权人占有了债务人的财产,一方面让债权人吃了"定心丸",另一方面也能让债务人有动力、有约束地偿还债权。在债务人清偿债务之后,转移的财产应当返还给债务人。如果债务人未能如期清偿债务,债权人有权将该财产拍卖变卖,卖得的价款用来抵债,但是债权不能直接归债权人所有,如果财产直接归债权人所有便为流抵押,下面第三种情形会进一步分析流抵押。

第三种情形法律上称为流抵押。流抵押,是指如果合同约定债务人到期没有清偿债务,财产归债权人所有。流质押和流抵押性质相仿,只是"押"的标的物类型不同。根据法律规定此类流抵押或流质押的约定无效。法律禁止抵押物或者质押物直接归债权人所有。这是因为抵押物或者质押物的价值一般无法完全与债权价值一致,如果抵押物或者质押物价值大于债权,抵押物或者质押物直接归债权人,将损害债务人的利益;如果抵押物或者质押物价值小于债权,抵押物或者质押物直接归债权人所有,将损害债权人的利益。所以法律规定,抵押物或者质押物必须经过拍卖或者买卖,以获得的价款清偿债务,如果有剩余要返还债务人,如果不足以清偿,债务人需继续偿还债务。

以房抵债和让与担保、流抵押的本质区别在于:以房抵债没有为债权人设置担保,房屋是债权不能以金钱清偿后的替代履行方式。而让与担保和流抵押本质上是一种担保,用物给债权人设置了一种保障,但是这个"物"作为担保物,不能直接归债权人所有。

二、以房抵债合法有效的情形下,如何保障债权的实现呢?

(一)确定该房产的产权是否为债务人所有

这是债权能否实现的根本性决定因素。如果债务人提出以房产抵债的,建议核实债务人产权证书,必要时可与债务人一同前往不动产登记中心查询房产登记信息。若房产非债务人所有,以房抵债也仅是空头支票,债权无实现可能。除此之外,还需要确认房产是债务人单独所有,还是和其他人共有。根据《民法典》的规定,共有人处分财产的,要经占份额 2/3 以上按份共有人或者全体共同共有人同意,因此,如果房产是债务人与其他人共有的,必须核实以房抵债是否经过其他共有人同意,否则处分行为存在瑕疵。

(二)评估该房产的价值

鉴于债权价值容易确定,房产价值不易确定,建议聘请双方均认可的有资质的评估公司对房屋价值进行评估,一方面可以判断房产价值是否与债权价值相当,另一方面可以避免一方以房产价值过高或过低显失公平为由撤销合同,尽可能防范合同履行风险。

（三）确定该房产是否存在纠纷

购房者除了了解房屋权属外，还必须了解房屋是否存在纠纷。一般来说，可以从以下几个途径调查：

（1）到房屋所在地实地考察是否有其他人居住或者占有；

（2）与债务人一同前往国土部门了解房屋是否存在预告登记；

（3）与债务人一同前往国土部门了解房屋是否存在抵押登记；

（4）在裁判文书网搜索房屋是否存在判决或执行信息。

如果房屋存在纠纷的，应当要求债务人提供其他替代履行方式。本案中，汤某胜诉却未能获得房产就是因为C公司将涉案房屋"一房二卖"，导致合同目的落空。

三、"一房二卖"有什么法律后果呢？

（1）如果房产已经完成过户，房屋所有权转移，原业主不再享有物权，此时以房抵债事实上无法履行。

（2）如果房产系回迁房，债权人作为拆迁人将该回迁房另行出卖给第三人，被拆迁人可以请求优先取得回迁房屋。

（3）如果房产没有过户，但是善意一方已经实际占用使用房屋，占有使用的善意方可请求优先获得房产。

（4）如果各方均没有占有使用房屋，全额支付房产或者支付比例大的善意方可请求优先获得房产。

（5）如果各方均未支付对价，合同先签订一方可请求优先获得房产。

综上，以房抵债看起来美好，其实暗藏玄机，有时候债权并不能"如愿以偿"。在债务人提出以房抵债时，债权人务必对房产做详细考察，以免发生案件胜诉却实现不了债权的尴尬境地。

因新政策出台无购房资格，合同还能履行吗？

近年来，深圳市颁布了多个房地产限购政策，政策的出台导致部分正在履行的房屋买卖合同无法正常履行。在此种情形下，房屋买卖合同能否解除，如何承担违约责任都是买卖双方急切关注的问题。笔者在下文将通过结合目前深圳市各级法院的判决情况，给大家分析以上问题。

基本案情[1]

2016年4月18日，郭某与杨某签订《协议书》，约定郭某将其拥有独立产权的涉案房屋以440万元出售给杨某。因深圳购房资格政策限制，杨某缴纳社保未满3年，无法直接办理房屋过户。经双方协商，杨某先向郭某一次性支付270万元。郭某原有银行贷款170万元未清偿，杨某代为清偿该笔贷款的利息，应于每月14日前将该贷款利息1万元打入指定账户。双方约定在2018年3月23日前完成过户手续。如果郭某拒绝将房屋出售给杨某，应向杨某支付违约金200万元；如果杨某违约未向郭某购买房屋，应向郭某支付违约金200万元。

2016年10月4日，深圳市人民政府办公厅发布《关于进一步促进我市房地产市场平稳健康发展的若干措施》，将非深圳市户籍居民的购房资格从

---

[1] 参见广东省深圳市中级人民法院民事判决书，(2021)粤03民终1021号。

连续缴纳社保满 3 年调整为满 5 年。杨某自 2015 年 1 月才开始在深圳参保,无法在 2018 年 3 月 23 日取得购房资格以完成过户手续。

双方就政策变动可能导致合同无法履行的问题进行协商,但双方始终未能达成一致意见。2019 年 9 月,郭某通过微信通知杨某解除房屋买卖协议,要求杨某腾退房屋,郭某准备将已收到的购房款返还给杨某。2016 年 5 月至 2019 年 12 月,杨某按照合同约定每月向郭某转账 1 万元,用于偿还郭某贷款的利息。杨某随后起诉郭某要求继续履行合同。

法院判决

本案争议焦点在于郭某是否能解除合同?

本案经过一审和二审,法院最终认定郭某丧失解除权,杨某有权要求郭某继续履行合同。郭某应当将涉案房屋过户至杨某名下,杨某向郭某支付剩余房款 170 万元。

法院认为,根据法律规定,如果存在当事人一方迟延履行主要债务,经催告后在合理期限内仍未履行,或当事人一方迟延履行债务或者有其他违约行为致使不能实现合同目的等法定情形方可解除合同,杨某在 2018 年 3 月 23 日不满足购房资格,导致涉案房屋未能完成过户,合同目的不能实现,郭某享有法定解除权。

但根据诚实信用原则,享有解除权并不意味可以任意行使。在本案中,虽然双方未能就如何继续履行达成一致意见,但 2018 年 3 月 23 日之后,双方一直按照原《协议书》履行,即杨某继续向郭某支付贷款利息,郭某未拒绝并接受。直至 2019 年 9 月 4 日,郭某才通过微信向杨某主张解除合同。从 2018 年 3 月 23 日开始发生迟延履行情形的 1 年半时间里,郭某一直未行使解除权。

法院最终认定郭某丧失解除权,杨某有权要求郭某继续履行合同。郭某应当将涉案房屋过户至杨某名下,杨某向郭某支付剩余房款 170 万元。

案例评析

法谚有云:不要做躺在权利上睡觉的人。在履行合同过程中,一旦合同履行发生障碍,双方务必积极协商。同时,协商过程应当留痕,以备日后诉讼所用。如果双方确实无法协商一致,应当及时书面催告迟延履行的义务人。对方在合理催告期限内仍然未能履行合同的,应及时向法院提起诉讼。根据最高人民法院《关于审理商品房买卖合同纠纷案件适用法律若干问题的解释》第 11 条第 2 款的规定,"法律没有规定或者当事人没有约定,经对方当事人催告后,解除权行使的合理期限为三个月。对方当事人没有催告的,解除权人自知道或者应当知道解除事由之日起一年内行使。逾期不行使的,解除权消灭"。郭某直至 2019 年 9 月才行使解除权显然超出合理期限。郭某未能在合理期限内行使解除权,且一直接受对方的合同履行,应视为已经丧失合同解除权。双方已经实际履行超过 3 年,庭审时根据深圳市住房和建设局出具的《购房资格证明》,杨某家庭已经具备本市住房限购区域内的住房购买资格。在已经丧失解除权的情况下,郭某再以杨某迟延履行、不符合限购政策为由主张解除合同,有悖诚实信用原则。所以法院未支持郭某诉请。

签订合同时,双方应尽量对合同进行充分的书面补充和解释。在购房时,买卖双方多使用制式的《房屋买卖协议》,该格式合同由深圳市住房和建设局制定,是旨在指导房屋交易的固定版本协议。但是在二手房交易中,情况比一手房买卖复杂,存在交易房产按揭未还清仍有抵押、原业主离婚分割房产、房产有租赁合同需解除等情形,该格式合同未必适合所有买卖双方。建议买卖双方务必结合自身情况,对该格式合同签订补充协议或者补充条款,最大限度保护自己的切身利益。切忌从网上下载合同,草草签字了事。笔者曾经处理过一个案件,买卖双方户籍和交易房产均在深圳,由于在网上照搬了模板,模板约定了外地仲裁条款,买卖双方不得不前往外地处理。对于房产买卖此类所涉金额较大的交易,合同尤为关键,当发生争议后,一切均需要回归合同约定本身,因此必要时务必咨询专业人士。

合同履行一定要秉承诚实守信的原则。目前房产增值较快,很多卖方因此撕毁合约,不再履行合同,甚至"一房二卖",此类卖方要么被法院判决承担违约责任,要么被判决继续履行合同,得不偿失。诚实守信是合同第一大原则,各方不要为了逐利随意违约。2015年3月30日中国人民银行、住建部等部门下发《关于个人住房贷款政策有关问题的通知》,财政部和国税总局下发《关于调整个人住房转让营业税政策的通知》,史称"330新政"。"330新政"规定:拥有1套住房并且房贷未结清的居民家庭再次申请商业贷款购买普通自住房的首付款比例调整为不低于40%;缴存职工家庭使用住房公积金委托贷款购买首套普通自住房的最低首付款比例为20%;拥有1套住房并已结清相应贷款的缴存家庭,为改善居住条件再次申请住房公积金委托贷款购买普通自住房,最低首付款比例为30%;个人转卖普通住房,营业税免征期限由以往的5年调整为2年。该政策出台后,深圳二手房市场有涨价倾向,有的卖方为了逐利不惜违约"一房多卖",法院在短期也受理了很多二手房诉讼。为遏制这类"一房二卖"的行为,在双方均未交付的情形下,不少法院判决卖方不仅需要按照原交易价格向原买方继续履行合同交付房产,还需要向新买方承担不能履约的违约责任。违约的卖方为违约行为付出了沉重代价。

因新政策出台无购房资格，
需要承担违约责任吗？

在前一篇《因新政策出台无购房资格，合同还能履行吗？》中笔者分析了卖方因为怠于行使解除权，法院判决继续履行合同的案例。本篇文章笔者将分析在签订合同后出现新政策，导致买方无购房资格时，房屋买卖合同能否解除的问题。

基本案情[1]

2016年3月15日，徐某和林某签订《二手房买卖合同》，约定徐某作为买方，林某作为卖方，林某自愿将自有房产转让给徐某，转让成交价为352万元（不含税费），定金为20万元。之后，徐某依约向林某支付了上述定金20万元，林某向徐某开具相应收款收据。

双方签完合同没多久，2016年3月25日深圳市人民政府出台了《关于完善住房保障体系促进房地产市场平稳健康发展的意见》，2016年4月深圳不动产登记中心发布《关于非深户居民购房限购相关事宜的补充通知》，这两个政策明确将购房资格的社保要求由1年改为3年。

而此时，徐某纳税记录以及社保缴纳才刚刚满1年。由于新政策的限制，徐某尚不符合购房资格，无法继续履行合同。徐某在与林某协商无果的

---

[1] 参见广东省深圳市中级人民法院民事判决书，(2018)粤03民终26192号。

情况下,于 2016 年 4 月 17 日向林某发送了书面的解除通知,要求林某返还已经支付的定金。双方僵持不下,徐某诉至法院,要求:(1)确认双方签订的《二手房买卖合同》解除;(2)林某返还定金 20 万元及利息。

法院判决

本案经过一审和二审,深圳市中级人民法院最终判决双方签订的《二手房买卖合同》已于 2016 年 4 月 17 日解除,林某返还徐某定金 20 万元。

法院认为,双方于 2016 年 3 月 15 日签订的《二手房买卖合同》是双方的真实意思表示,内容合法有效。此时,徐某是满足购房资格的。2016 年 3 月 25 日,深圳市对购房政策作出了调整,将非深圳户籍人士的购房资格由纳税及缴纳社保期限满 1 年变更为 3 年。该政策变化导致徐某已不符合相关购房条件。该政策变化是徐某、林某双方不可预见、无法克服的。因房地产调控政策的实施这个不可归责于双方当事人的事由,致使合同不能继续履行。

徐某作为买方于 2016 年 4 月 17 日向林某发出解除合同通知书,请求解除合同并返还定金,不构成违约,买卖双方互不承担违约责任。双方之间的买卖合同已于 2016 年 4 月 17 日解除。合同解除后,林某作为卖方应将收取的定金 20 万元返还给徐某。关于利息,涉案合同实际于 2016 年 4 月 17 日非因双方的原因而解除,徐某主张计收利息无事实依据,法院不予支持。

案例评析

这个案件是因为新政策出台,导致买方无购房资格的典型案例。

最高人民法院《关于审理商品房买卖合同纠纷案件适用法律若干问题的解释》第 4 条规定:"出卖人通过认购、订购、预订等方式向买受人收受定金作为订立商品房买卖合同担保的,如果因当事人一方原因未能订立商品房买卖合同,应当按照法律关于定金的规定处理;因不可归责于当事人双方的事由,导致商品房买卖合同未能订立的,出卖人应当将定金返还买受人。"

最高人民法院《关于审理商品房买卖合同纠纷案件适用法律若干问题的解释》第 19 条规定:"商品房买卖合同约定,买受人以担保贷款方式付款、因当事人一方原因未能订立商品房担保贷款合同并导致商品房买卖合同不能继续履行的,对方当事人可以请求解除合同和赔偿损失。因不可归责于当事人双方的事由未能订立商品房担保贷款合同并导致商品房买卖合同不能继续履行的,当事人可以请求解除合同,出卖人应当将收受的购房款本金及其利息或者定金返还买受人。"

结合上述两个法条,"因不可归责于当事人双方的事由"导致预约合同不能订立,当事人不承担预约合同的违约责任;"因不可归责于当事人双方的事由"未能订立商品房担保贷款合同并导致商品房买卖合同不能继续履行而解除合同的,当事人不承担违约责任。

出台新政策即典型的"因不可归责于当事人双方的事由"。首先,新政策是政府有关部门出具的,与当事人无关。其次,本案中出台的新政策是签署合同之后才正式出台的,双方始料未及,也无法克服。买卖双方对无购房资格这个问题均无过错。此时,如果合同无法继续履行,双方可以要求解除合同,互不承担违约责任。

本案耐人寻味的是,徐某在发出解除通知书两个月之后,取得了深圳户籍,从而获得了购房资格。但是,因为解除权是形成权,在解除通知到达对方时,合同就已经解除了。合同不会因为徐某获得了购房资格重新恢复到可以履行的状态。即使在涉案合同履行期间,徐某已准备申请入户,但入户申请需要经过相关部门的审批,审批结果具有不确定性,也不能据此认定徐某在解除合同之前已知晓其能够通过入户深圳而取得买房资格,从而认定徐某解除合同系违约行为。

因此,建议大家在买房之前,务必了解清楚当地的限购政策和贷款政策，如果履行过程中，因为政府出台政策导致无法购买房屋的，可以和对方协商并解除合同。如果明明知道不符合购房资格，仍然购买房屋，然后又反悔的，将承担违约责任。下一篇文章笔者会分析购房者明明知道无购房资格仍然买房时，违约责任的承担。

明知无购房资格买房，如何承担违约责任？

前两篇笔者分别介绍了卖方怠于行使解除权，被法院判决继续履行合同，以及因不可归责于双方的事由解除合同的，互不承担违约责任的案例和裁判规则。在本文这个案例中，购房者购房之前明知自己没有购房资格，仍然买房，合同无法履行，最终承担了巨额违约金。

基本案情[1]

2020年7月15日，谢某与袁某、房产中介签订《二手房买卖及居间服务合同》。各方约定谢某购买袁某房产，转让成交价格为330万元。谢某在签署本合同时向袁某支付定金15万元，除定金之外的购房款以银行按揭方式支付。合同约定如谢某未按照合同约定的期限履行义务超过5日，袁某可解除合同并选择要求谢某支付转让成交价20%的违约金或没收谢某已支付的定金，因此给房产中介造成损失的，由谢某承担赔偿责任。

深圳市住房和建设局联合其他单位于2020年7月15日发布《关于进一步促进我市房地产市场平稳健康发展的通知》(深建〔2020〕137号)，该通知明确，深圳户籍居民家庭、成年单身人士(含离异)需在本市落户满3年，且能提供购房之日前在本市连续缴纳36个月及以上个人所得税或社会保险证

---

[1] 参见广东省深圳市中级人民法院民事判决书，(2021)粤03民终11354号。

明,方可购买商品住房。

2020年7月15日,谢某签署《买方购房资格确认书》,确认谢某是深户、已婚、社保满5年、首套购房,并承诺本人已明确得知国家有关房屋限购政策,并按要求提供真实的相关证明材料,对因提供虚假材料以及不符合政策条件而进行的房产交易行为所产生的法律责任,其愿承担全部责任。

其后,谢某并没有按照合同的约定履行其他义务。于是,袁某将谢某诉至法院。庭审过程中,谢某向一审法院提交的不动产信息查询单显示,谢某和其丈夫邱某名下各有一套房产,即谢某在购房时清楚自己不符合购房资格,仍然签订房屋买卖协议,最终导致合同无法继续履行。

法院判决

法院判决袁某无须退还谢某已支付定金15万元。

法院认为谢某与袁某、房产中介签订的《二手房买卖及居间服务合同》是双方当事人的真实意思表示,内容不违反法律、法规的强制性规定,合法有效,签约各方应按照合同的约定履行各自义务。

谢某签署的《买方购房资格确认书》和《二手房交易买方重要事项告知书》显示,谢某自己表示其是首套购房、当前具有购房资格,并表示本人已明确得知国家有关房屋限购政策,并按要求提供真实的相关证明材料,愿意承担因提供虚假材料以及不符合政策条件而进行的房产交易行为所产生的全部法律责任。而在此前谢某和其丈夫名下各有一套房产,已经不具有购房资格,谢某对此是清楚的,仍然与袁某、房产中介签订上述合同,对此谢某应当承担相应的法律后果。合同生效后,谢某支付了定金15万元,但谢某没有继续履行合同的其他义务,谢某的行为使袁某无法实现合同目的,因此谢某的行为已构成违约,应当承担相应的违约责任。

案例评析

购房前一定要清楚自己是否符合购房资格。目前,诸多城市中购房资格是购房的前提条件,也是合同正常履行的基石。如果购房者明明知道自己不具备购房资格,仍然与交易方签署合同购买房屋的,那么必然会导致合同无法履行的结果,进而由其承担违约责任。本案中,购房者不仅无法收回15万元定金,还要另外支付51万元的违约金,实在是损失惨重。因而,购房者购房前务必要核实好自己的购房资格,避免承担不必要的损失。

如果签订合同之后才发现自己没有购房资格的,建议和卖家协商解决办法。如果签订后出新政策的,是属于不可归责于当事人双方的事由,互不承担违约责任。如果签订之前就不符合购房资格,但签完合同才发现没有购房资格的,建议和卖家协商更换买房主体,确保合同能继续履行。如果确实无法更换买房主体,那么需要做好损失定金的准备。

协商过程中建议买家态度诚恳友好,因为合同无法继续履行的根本原因在于购房者。这样买方一方面尽可能让卖方能从这个买卖中解放出来另寻新买方,减少卖方的损失;另一方面尽量获得卖方谅解,不要将争议拖入诉讼,尽可能减少违约成本。本案中,法院考虑到买方明知无购房资格仍然买房的情形,最终判决买方承担交易价款20%的违约金,不仅损失了金钱,也损失了时间。买房者务必重视这个前车之鉴。

在二手房买卖中,地下车位是否随房屋一并转让?

在实践中,房地产开发商开发建设住宅楼盘时会按照规划配比停车位,一般是一户一个停车位。房屋建成后,根据房地产开发商与物业公司签订的前期物业服务合同,地下停车库一般交由物业公司管理。绝大多数城市和地区的地下停车位无法办理产权证,购房者在购买住宅后,需向物业公司申请业主停车位予以使用。在某些城市和地区的停车位可以办理产权证,购房者可以购买停车位并办理产权证。在购房者二次出让房产的时候,相应的停车位是否也应一并转让呢?

基本案情[1]

2016年2月21日,被告张某、袁某(甲方)与原告高某、戴某(乙方)以及案外人南京某房地产经纪有限公司(丙方)签订《存量房交易合同》,约定甲方将南京市江宁区东山街道宏运大道2199号山水方舟雅苑×幢A室出售给乙方;建筑面积125.05平方米,套内建筑面积111.14平方米,分摊面积13.91平方米;房款198万元。合同签订后,高某付清了房款,张某、袁某协助办理了过户手续,房屋所有权、土地使用权分别于同年3月29日、4月1日变更登记至高某、戴某名下,张某、袁某并于同年5月11日将房屋实际交

---

[1] 参见高某、戴某与张某、袁某房屋买卖合同纠纷案,载《最高人民法院公报》2021年第8期。

付于高某、戴某。

2006年6月25日,被告张某、袁某与南京某房地产开发有限公司签订《商品房买卖契约》,购得山水方舟雅苑×幢A室。2007年8月,101室所在单元全体业主共同委托小区物业服务单位对单元地下室进行了分隔,按照单元总户数12户共分隔出12小间,并依序进行编号,通过抽签的方式确定使用人。其中7号小地下室由A室业主使用,张某、袁某支付了分隔费676元。张某、袁某出售房屋时未告知高某、戴某7号小地下室情况,并继续占有使用。

2020年8月24日,原告高某、戴某通知被告张某、袁某于月底前腾空7号小地下室。后张某、袁某未予腾空,高某、戴某更换了7号小地下室门锁,双方因此发生争议诉至法院。高某、戴某要求确认7号小地下室归其使用,并要求张某、袁某腾空交付7号小地下室及支付占有使用费。

法院判决

经过审理,法院判决7号小地下室由高某、戴某使用,张某、袁某向高某、戴某返还7号小地下室并支付占有使用费。

法院认为,原告高某、戴某与被告张某、袁某签订的《存量房交易合同》不违反法律、行政法规的强制性规定,合法有效。当事人应当按照约定全面履行自己的义务。当事人应当遵循诚实信用原则,根据合同的性质、目的和交易习惯履行通知、协助、保密等义务。

关于涉案地下室是否属于业主共有部分的问题,法律规定,建筑区划内的其他公共场所、公用设施和物业服务用房,属于业主共有。本案中,A室的单元地下室并不属于建筑物区分所有权中业主专有部分,而是建筑区划内的公用设施,属于业主共有部分。并且A室所在单元在构造上、功能上具有相对独立性,该单元的地下室能够单独使用,与该单元的业主具有使用上的利害关系,因此该单元的地下室属于该单元全体业主共有。7号小地下室系从A室的单元地下室分隔出来分配给A室业主单独使用的共有部分,其性质仍属于业主共有。

关于被告张某、袁某是否应将 7 号小地下室交付原告高某、戴某的问题,法律规定,业主对共有部分享有共有和共同管理的权利。业主转让建筑物内的住宅、经营性用房,其对共有部分享有的共有和共同管理的权利应一并转让。法院认为,从维护小区公共秩序和业主利益的角度来说,业主转让专有部分时,不仅其对共有部分享有的共有和共同管理的权利应当一并转让,而且其基于业主共同管理约定所享有的共有部分专有使用权也应当一并转让,既有的共同管理约定对继受取得业主权利的房屋受让人继续有效,房屋转让人应当协助将其独占使用的共有部分交付于受让人。本案中,张某、袁某向高某、戴某转让 A 室房屋,7 号小地下室的独占使用权应当一并转让,张某、袁某应当协助将 7 号小地下室交付于高某、戴某。因此,对于高某、戴某要求确认 7 号小地下室归其二人使用以及要求张某、袁某腾空并交付 7 号小地下室的诉讼请求,法院予以支持。

案例评析

一、小区停车位到底归谁所有?

根据《民法典》第 275 条的规定,建筑区划内,规划用于停放汽车的车位、车库的归属,由当事人通过出售、附赠或者出租等方式约定。占用业主共有的道路或者其他场地用于停放汽车的车位,属于业主共有。按照法律规定,停车位有两种,一种是规划的车位,另一种是占用业主共有场地的车位。

前者一般在建设审批规划中就会明确位置以及具体的车位数,在房屋销售前就明确存在。按照惯常做法,房地产开发商开发建设整个楼盘,并根据初始登记享有整个楼盘的所有权,包括地下停车位。房地产开发商因为建设这个事实行为原始享有地下停车位的所有权。房地产开发商可以选择以出售或者附赠的方式将地下停车位所有权转移给业主,也可以自行保留。实践中,由于绝大多数城市和地区地下停车位无法办理产权证,因此房地产开发商都保留了地下停车位权属并交由物业公司管理,收取停车费。在《物权法》《民法典》出台前,某些城市和地区对于停车位问题有相应的行政法规和条例,以深圳为例,在《物权法》《民法典》出台前老小区物业的地下停车位权属判定规则与两部法律的相关规则略有不同,具体可参见本书《小区停车位到底归谁?》一文。

后者一般是在房产销售后,人为在业主共有场地划分的停车位,以满足业主停车需求。这部分停车位由于占用了业主共有的场地,因此所有权归全体业主所有。虽然物业公司管理车位并收取停车费,但物业公司并不因此享有停车位所有权。停车费的收益在扣除物业公司合理成本后,应该返还全体业主。

二、购买房屋时,停车位所有权要一并转移吗?

笔者认为需要区分情况。如果地下停车位属于房地产开发商,业主转让自己房产时,地下停车位仍然属于房地产开发商,不会随之转移给新业主。如果地下停车位属于业主,那么业主出售房产时,可以选择一并出售地下停车位,也可以选择不出售。如果停车位属于业主共同所有,那么单个业主对停车位自然没有单独的所有权,也不存在停车位所有权转移的问题。因此,停车位权属一并转移,归根结底要看其权属情况。

三、购买房屋时,停车位使用权要一并转移吗?

笔者认为需要区分情况。如果地下停车位属于房地产开发商,并委托给物业公司管理时,业主与物业公司实质上形成了车辆管理关系或者停车位租赁关系。业主委托物业公司管理或者租赁地下停车位的前提是具有该小区的业主身份,该法律关系具有身份依赖性,如果业主将房产转让给他人,失去小区业主的身份,自然其与物业公司之间的法律关系也无继续履行的基础。此时,业主与物业公司之间的合同实质已经终止,应当由新的业主与物业公司签署有关停车位协议。在这种情况下,不存在使用权转移的情形,本质上是旧的法律关系终止,新的法律关系设立。

如果停车位属于全体业主,那么停车位使用权要随着房产的转移一并转移。建筑物区分所有权,在我国立法采用三元论说,即业主建筑物区分所有权包括建筑物专有部分的所有权、对建筑区划内专有部分以外的共有部分享有的共有权和公共管理的权利[1]。建筑物区分所有权对于业主来说不仅是所有权的象征,也是身份权的象征。那么原来的业主将房产转让给新业主,自然就退出了小区业主的身份,也不再对小区共有部分享有权益或参与小区物业管理。因此,在停车位属于全体业主的情况下,停车位使用权在业主转让房屋时一并转让。本案中,被告张某、袁某原来基于小区业主的身份,按照业主之间的约定,对7号小地下室享有管理使用的权利。被告张某、袁某转让房产后,所享有的共有部分专有使用权也应当一并转让。高某、戴某因受让房屋成为新的业主,他们自然继受原业主与其他业主之间的约定。

所以,即便涉案的小地下室形成了独占的空间,但是本质上来说,仍然属于全体业主所有,只是相对应的业主可以独占使用。

四、如何识别地下停车位权属?

购房者在买房时,建议其向中介、卖家以及物业公司了解清楚房产停车位情况。特别是存在卖方当初购房时,房地产开发商附赠或出售了停车位但是没有产权证的情形,此时买方务必和卖方确认清楚本次房产交易是否包含停车位,这将直接影响交易价格。除了口头问询,买方可以要求中介及卖方一同前往不动产登记中心或有关行政主管部门打印房产信息,通过官方渠道确定房产及停车位权属。另外还可以向本小区其他卖家咨询房产停车位信息。总之买方要做到全方位了解,以审慎的态度对待房产交易。

如果卖方享有停车位的所有权,且有产权证,那么房屋过户时,需要一并将停车位过户给购房者。如果卖方享有停车位所有权,但是没有产权证,那么买卖双方需要前往物业公司就停车位转移事宜做好登记备案。如果卖方享有停车位,但是本次交易并不包括停车位,也需要买卖双方前往物业公

---

[1] 参见最高人民法院民法典贯彻实施工作领导小组主编:《中华人民共和国民法典物权编理解与适用(上)》,人民法院出版社2020年版,第334页。

司进行说明登记,以免产生不必要的纠纷。

  本案中,原业主以停车位已经改造成隔间由其专属使用为由拒绝转移给新业主的主张是不成立的。停车位权属不是以其构造及使用情况来判断的,需要溯源到原本的权利属性来判断权属。因此建议购房者购房时务必了解清楚状况,切忌冲动。卖方也应当秉承诚实信用原则,如实披露房产的真实情况。

为孩子上学购买二手学位房，却上不了学，如何维权？

古有孟母三迁，今有择校而居，家长们从古至今就为孩子教育问题煞费苦心。特别是如今，为了接触更好的教育资源，孩子能上好学校，家长们纷纷高价买入学位房。学位房成为家长要不要买房子，买哪里的房子，出多少钱买房子的关键因素之一。如果奔着学位买了二手房，最终却没有对应的学位，应该如何维权呢？

基本案情[1]

2020年1月2日，朱某与A公司签订《房地产买卖合同》，约定转让坐落于深圳市南山区的房产，建筑面积为32.67平方米；该房处于抵押状态，A公司承诺于朱某付清房地产首期购房款之日起30日内办理完毕赎楼手续。

该房地产转让价款为310万元。本合同签订时朱某需预先支付购房定金20万元；本合同签订之日起7日内朱某支付除定金之外的首期购房款200万元，剩余购房款90万元朱某向银行抵押付款。朱某须于2020年2月15日之前向银行提交抵押贷款申请资料，并配合银行办理贷款审批手续。A公司应于收齐全部房地产转让价款5个工作日内将该房地产交付朱某，办理递件过户时间为朱某将首期购房款支付至A公司指定银行账号之日起5个

---

[1] 参见广东省深圳市中级人民法院民事判决书，(2021)粤03民终3068号。

工作日内。双方签订需要向有关主管部门备案的《深圳市二手房买卖合同》10个工作日内，共同向房地产权登记机关申请办理转移登记手续，在收文回执载明的回复日期届满之日起5个工作日内，双方须办理交纳税费的手续。在合同尾部，手写部分注明：经协商，乙方承诺于2020年2月15日前交齐首付款。

合同履约过程中，A公司未能按约履行义务，于是朱某在2020年4月27日向A公司出具《履约催告函》，载明："根据合同约定，截至2020年3月20日，收文回执载明的回复日期届满之日已满5个工作日，你方仍未完成办理缴纳税费手续，已构成违约。2020年4月17日，我方向你方发送《房屋产权转移登记催知书》，催告你方完成办理缴纳税费义务。截至2020年4月20日，你方已违约30日，根据约定，我方有权解除合同并按转让成交价的30%向你方主张违约金，现我方郑重致函你方如下：1. 你方应于收悉本函后2日内完成办理缴纳税费手续，逾期未完成办理的，《房地产买卖合同》自期限届满之日即2020年4月29日自动解除；2.《房地产买卖合同》解除后3日内，你方应向我方退还已收取的款项，并按转让成交价的30%向我方支付违约金。"2020年4月28日，朱某通过微信向A公司员工郑某发送了上述《履约催告函》，A公司对该微信记录的真实性予以确认。

朱某曾向A公司明确表明购买涉案房屋的目的是获得该房屋附带的学位，即申请2020年的学位，A公司对此是明知的。自签署合同后朱某几乎每周不止一次催告A公司及时缴纳税费，因根据往年经验南山区学位申请的截止日期一般是4月底，朱某担心由于A公司拖延导致无法申请学位。A公司对此予以确认。

法院判决

本案经过一审和二审，法院最终判决朱某与A公司之间的《房地产买卖合同》《深圳市二手房买卖合同》于2020年4月29日解除；A公司应向朱某返还购房款，并支付违约金40万元。

法院认为,首先 A 公司违反了合同约定的过户期限。A 公司至迟应在 2020 年 4 月 27 日前完成缴纳税费的义务,但实际上 A 公司并未在该日前完成纳税义务。按受理通知书的要求,不动产登记中心将驳回登记申请,过户登记的合同目的无法实现。

其次,朱某购房目的是获取学位。南山区 2020 年公办学校秋季小学一年级学位申请指南载明,网上申请学位时间为 2020 年 5 月 12 日 9 时~2020 年 5 月 19 日 14 时。因 A 公司迟延履行合同,朱某无法在前述时间内办理过户,难以实现入学目的。综上,法院判决解除合同,A 公司返还朱某购房款。

关于违约金问题,合同解除的根本原因在于朱某认为其利用涉案房屋入学的合同目的无法实现而放弃履行,而非 A 公司拒绝履行,故 A 公司违约导致的朱某损失并非房价上涨的差价损失。朱某以房价上涨为由,要求 A 公司承担 93 万元的违约责任,缺乏足够证据证明,也不符合本案实际情况,法院最终判决 A 公司承担违约金 40 万元。

案例评析

本案中,购房者虽然没有达到合同目的,但获得了一定数额的违约金。但是对于孩子教育而言,违约金无法弥补已经丢失的就学机会。那么购买学位房时,应当注意什么问题,如果遇到纠纷又如何维权呢?

如果为了学位而购买房产,笔者建议购房者注意以下几点:

一、关注有关学区房划定的政策

目前各地针对利用学位房炒房的情况陆续出台了各种政策,以遏制房价的不合理增长。比如,深圳 2021 年年底在各区开始逐步试点"大学区制度",规定一套房产可以对应多个学校,打破了之前一个房产锁定一个学校的格局。这对于学生而言,能否进入心仪的学校可能存在不确定性。

另外,深圳各区在试点"大学区制度"的过程中,对一些学区的划分做了调整,如原来属于 A 校区的房产以后属于 B 校区。这些政策的调整给学校入读也带来了一些不确定的因素。如果签订房屋买卖协议后,因为入学政策改变,导致拟入读的学校无法办理入读,卖方无违约行为但购房者要求解除合同的,购房者有可能要承担违约责任。因此,购房过程中,务必跟进学区政策的调整。

二、了解拟购房产学位情况

除了上面说的政策,购房者还需要了解该房产是否有学位,学位是否被锁定。就深圳而言,各区教育局会在官方网站上公布公办学校招生计划和招生范围,购买房产之前务必了解清楚。了解学位是否被锁定也很关键,这决定了孩子能否报名入读。学位锁定同样可以通过登录教育局官网等途径查询。

鉴于房产交易涉及的金额较大,作为购房者审慎了解房产基本信息是基本的义务。如果因为自己对房产学位具有错误认识,之后发现购买房产没有学位或者学位已经被锁定,进而要求卖方承担违约责任,可能无法获得法院支持。

三、建议合同中明确约定交易的目的是获得学位

如果购买房产是为了获得学位,那么建议在合同中明确约定本次交易的目的为获得房产所带学位,并约定如果因为卖家原因导致学位无法实现的,由卖家承担违约责任。在学位房交易中,明确购房目的,卖方将负有瑕疵担保义务,即卖方应当确保房产对应学位可以使用。如果购房目的无法实现,卖方自然要承担违约责任。如果不明确学位是购房的根本目的,房产将回归到本身的属性和功能——居住,只要房产无重大权利瑕疵或者质量问题,购房者购房的目的均能实现,卖方也无须承担违约责任。

本案中,购房者之所以胜诉就在于购房者明确了购买房产的目的是获得学位,当卖方拖延履行导致购房者无法按时办理入学手续时,卖方就触发了违约责任。所以是否明确合同目的决定买方能否行使解除权并主张违约责任。

四、发生争议时,可以申请诉讼保全以限制学位使用

在处理学位房买卖合同纠纷的过程中,购房者可以尝试向法院申请对学区房学位进行行为保全。

在北京市海淀区法院审理的一起案件中,购房者为了海淀区某学位购买卖方房产。后由于学位房价值升值,卖方毁约,拒绝履行合同,将已经迁出的户口迁入案涉房产,并准备用案涉房产学位为孩子办理入学。[1]

诉讼过程中,购房者向法院申请了行为保全,要求卖方不得使用该学位。法院经审查认为,卖方曾承诺涉案房屋为某小学学区房,且学区名额未被使用。根据有关规定,学位在小学期间即6年内只能使用一次,卖方一旦使用该学位会给买方带来不可弥补的损失,且时间紧迫,遂作出禁止卖方使用涉案房产对应学位的裁定。

因此,如果因为学位发生纠纷的,要学会咨询专业人士,合理利用诉讼策略,保全自己的利益。

五、违约金如何确定的问题

因卖方原因导致学位房买卖纠纷时,购房者有两种诉求:一是继续履行合同,要求减少房产交易金额;二是解除合同,要求卖家承担违约责任。

如前所述,房产的本质属性和功能在于居住,学位为房产增加了教育资源属性。这相当于学位房的交易价值包括了房产本身的价值和学位的无形价值,这也是学位房价格比其他同类房产更高的原因。

因为卖家原因导致购买学位房的目的无法实现时,如果购房者选择继续履行合同,此时学位房将回归原本的居住属性,其交易价值应当剔除学位因素,以同类居住条件房产对应的市场价值来衡量。否则,买卖双方的利益将无法平衡。

在厦门市思明区人民法院审理的一起案例中,卖方占用涉案房产的学位,使购房者购房目的无法实现,客观上导致涉案房产价值贬值。经过审理法院酌情认定减价金额为成交总价的4%即37.6万元。[2]

如果购房者选择解除合同,要求卖家承担违约责任,根据合同约定以及

---

[1] 参见北京市海淀区人民法院民事调解书,(2016)京0108民初16170号。
[2] 参见福建省厦门市思明区人民法院民事判决书,(2020)闽0203民初18846号。

违约责任的可预见性规则和填补规则,法院会根据合同约定、购房者为了购买同类型学位房支出的合理费用(如中介费)、购房者为了购买同类型学位房多支付的房价以及市场行情等因素酌定违约金金额。因此,选择解除合同、要求赔偿损失的购房者,应当保留好与损失相关的证据,以帮助法院客观审查损失范围。

  如今学位房的房价动辄上百万元,甚至上千万元,作为家长的购房者具有很大的压力。所以购买学位房时,务必谨慎,认真调查好与房产学位相关的信息,尽可能在合同中约定清楚购房目的,必要时咨询专业人士的意见,把可能存在的风险降到最低。

小产权房篇

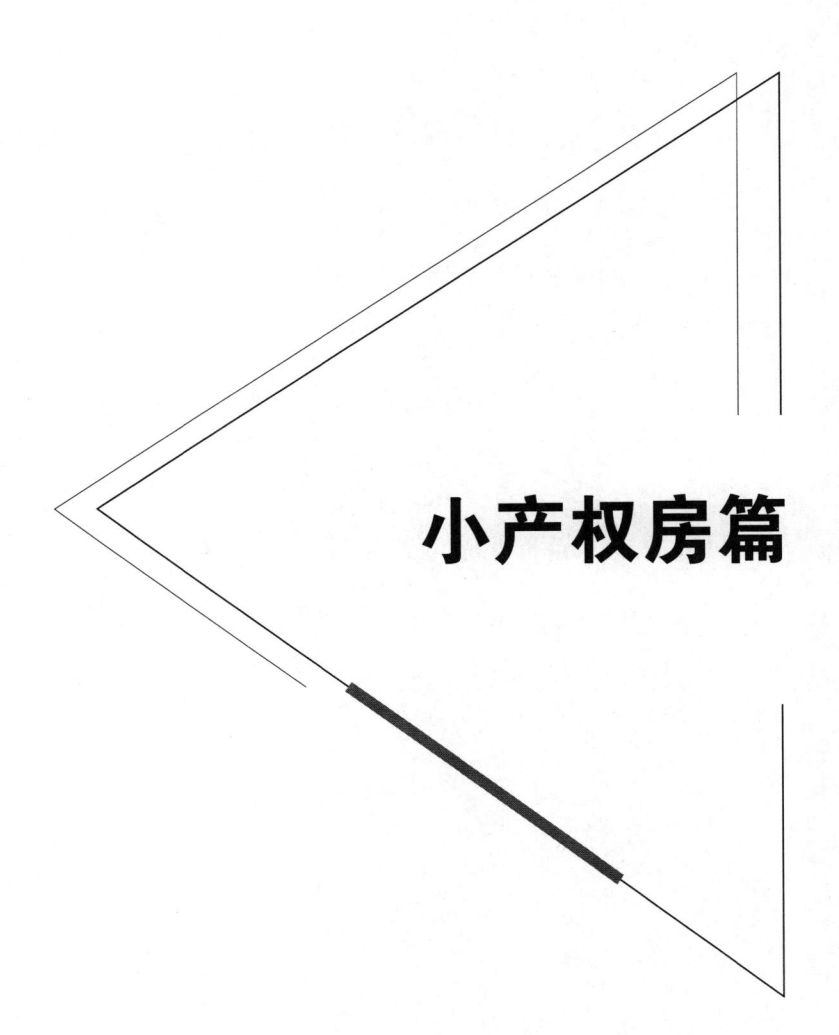

购买深圳经济适用房有风险吗？

我国房产证的颜色有红色和绿色两种，红本是房产所有权和土地所有权合一的证明，我们通常所说的商品房房产证即红本房产证。持有红本房产证的所有权人可以将持有的房产自由交易，对所得资金自行分配，也可将房本抵押给银行贷款。绿本房主要是经济适用房、福利房及集体土地上的小产权房等（前述房产在本文中统一称为经济适用房），此类房产所有权受到一定限制，一般需经过一定年限后才能上市，且上市前需补交地价。绿本房的价格较红本房而言低很多，虽流通受到限制，但在市场上的交易仍然很活跃。在深圳，绿本房分为城镇绿本房（俗称经济适用房）和原集体土地上的小产权房（俗称农民楼），本文主要介绍城镇绿本房。

基本案情[1]

香某某与邓某某系夫妻关系，香某某在2001年4月27日向深圳市龙岗区坪地镇建设办支付购房款117,311.70元，购买位于××花园××室的房屋。2001年4月28日，香某某收取钟某某12万元后，将该案涉房屋交付钟某某。后钟某某对涉案房屋进行了装修，并一直居住于该房屋中。××花园所在的土地性质为国有土地，土地用途为住宅用地（福利房）。涉案房产的产权性质为街道办的政策性住房（福利房），分配名单原始底册和2001年

---

[1] 参见广东省深圳市中级人民法院民事判决书，(2019)粤03民终18824号。

4月的收款凭证(117,311.70元)的主体均显示为香某某。邓某某与钟某某因房屋权属发生纠纷诉至法院,邓某某要求钟某某腾出××花园××室房产。

法院判决

关于涉案房产性质是否影响合同效力的问题,根据查明的事实,法院认为,涉案房产是香某某基于职工身份分配的福利性住房。福利性住房的转让虽存在一定限制,但香某某将其个人所得福利性住房转让给他人,并未违反法律法规的效力性强制性规定,亦不涉及公共利益,邓某某以涉案房产为福利房为由主张合同无效,缺乏事实和法律依据,法院不予采纳。法院判决驳回邓某某全部诉讼请求。

案例评析

在分析绿本房交易风险之前,我们先要弄清楚绿本房的来源。

一、城镇绿本房的来源

我国城镇住房经过了几次改革,在改革过程中,为解决企事业单位职工住房问题,产生了很多福利性住房,而城镇绿本房主要指的就是政策性福利房,也叫经济适用房。

(一)全国范围内的城镇住房改革

1. 1994年城镇住房改革——实物分房转为福利购房

在1994年,国务院出台了《关于深化城镇住房制度改革的决定》(国发〔1994〕43号,现已失效,以下简称《决定》),其中一个重要的改革方向是统一实物分配的房屋变为可购买且与工资福利挂钩的福利房。对于职工购买福利房的,根据职工收入情况,分梯度规定售价标准。对于高收入职工家庭,采用市场价购买,购买后产权归个人,可进入市场。对于中低收入职工家庭,采用成本价,购买后产权归个人,5年后补交完毕土地出让金、土地收益及税费等可进入市场。对于实行成本价有困难的,实行标准价过渡,标准价由市政府测定报省政府批准。以标准价购入的房屋,职工只享有部分产权,职工享有的产权比例按其支付的标准价核定。员工可占有使用房屋,并享有有限的收益权和处分权。员工使用5年后补交完毕相应的土地出让金、土地收益及税费等该房可进入市场,由于产权由职工和单位共有,原单位可以优先购买。

2. 1998年第一次住房改革

1998年国务院就深化城镇住房改革再次出台措施,并颁布《国务院关于进一步深化城镇住房制度改革加快住房建设的通知》(国发〔1998〕23号)(以下简称《通知》),该举措称为"第一次房改"。《通知》规定停止住房实物分配,逐步实行住房分配货币化:给最低收入职工家庭提供廉租房,中低收入家庭购买经济适用房,高收入家庭购买或租赁市场价商品房。

(二)深圳城镇住房改革

在全国住房改革的趋势下,深圳作为最前沿的经济特区,又毗邻香港,早在20世纪90年代初便开始模仿香港公共住宅建设开发模式,提出"安居房"概念,其本质即经济适用房。1997年11月深圳市人民政府颁布《深圳市国家机关事业单位住房制度改革若干规定》(深圳市人民政府令第88号),正式以法规形式确定安居房的类型,实行"双轨三类多价制"的供求模式。第一条轨道是政府住宅管理部门投资建设安居房,其中全成本微利房的供给对象是列入市、区财政工资编制的国家机关事业单位的职工;社会微利房的供给对象是在深圳注册的企事业单位及其员工,以及社会上中低收入者,但国家机关事业单位及其职工也可以申请购买社会微利房。第二条轨道是房地产开发企业投资建设市场商品房。单位按有关规定购买市场商品房,可根据其员工的承受能力,按不低于住房改革政策规定的价格出售或出租给本单位职工。同时,各单位可按规定通过自建房和合作建房的渠道解决本单位员工的住房问题。安居房根据定价依据又进一步分为:准成本房、全成本房、全成本微利房和社会微利房。准成本房房价由本体造价、工程管理费、建设期利息三项之和构成。全成本房价由准成本房价和住宅区开发配套费两项因素构成。全成本微利房价由全成本房价和微利两项因素构成，微利为全成本房价的8%。社会微利房，是指市、区住宅管理部门向企业和社会上中低收入者公开出售的微利房，其房价由土地开发费、市政建设配套费、本体建安工程费、工程管理费、住宅区开发配套费、建设期利息、住宅区公用设施专用基金及利润8项因素构成。深圳市场上常见的城镇绿本房即上述几种安居房。根据1994年深圳市规划与国土资源局《关于颁发新〈房地产证〉的通知》（深规土〔1994〕576号）、2002年深圳市规划与国土资源局《关于重新发布〈关于颁发新《房地产证》的通知〉的决定》（深规土〔2002〕336号）以及2009年深圳市规划与国土资源局重新发布的《关于颁发新〈房地产证〉的通知》（深国房规〔2009〕1号），明确规定了准成本房（准成本商品房）、全成本房（全成本商品房）、全成本微利房、社会微利房（微利商品住宅）和经济适用房均颁发绿本房地产证，记载为非市场商品房地产。

二、城镇绿本房买卖合同效力问题

截至2022年12月，通过搜索"绿本""房产证""经济适用房""安居房"等关键词，在广东省高级人民法院及深圳市各级人民法院范围内共计找到791份裁决。通过对案例的检索，可以探究深圳市各级人民法院裁决的思路。

（一）合同效力问题

通过分析相关案例的判决结果，笔者发现法院倾向性认为城镇绿本房买卖合同系有效合同。具体理由如下：

第一，绿本房买卖合同不存在违反法律禁止性规定的情形，应当认定合同为有效合同。根据最高人民法院《关于适用〈中华人民共和国合同法〉若干问题的解释（一）》（法释〔1999〕19号，已失效）第4条的规定，《合同法》实施以后，人民法院确认合同无效，应当以全国人大及其常委会制定的法律和国务院制定的行政法规为依据，不得以地方性法规、行政规章为依据。虽然前述司法解释因《民法典》的出台后续被废止，但是实践中仍然沿用了相关司法解释的精神。安居房系职工福利房,其分配对象为机关、企事业单位工作人员,不属于为保证住房困难群体基本住房需求的保障性住房,转让绿本房并不会损害社会公共利益,其分配对象在签订合同满一定年限并符合有关条件后经深圳市住房和建设局同意即可申请办理取得全部产权房产证。合同是买卖双方的真实意思表示,合法有效。典型案例有骆某与胡某、李某房屋买卖合同纠纷、[1]邓某某与钟某某确认合同无效纠纷。[2]

第二,绿本房转让受到限制,可能会影响合同的全面履行,但并不影响房屋买卖合同的效力。《民法典》第215条规定,当事人之间订立有关设立、变更、转让和消灭不动产物权的合同,除法律另有规定或者当事人另有约定外,自合同成立时生效;未办理物权登记的,不影响合同效力。绿本房是否能够因买卖合同而发生所有权转移的物权变动效果,则要依出卖人此后能否取得绿本房的所有权或处分权等予以确定。在限制条件取消前,无法办理房屋所有权转移登记。如果不能办理房屋所有权转移登记,房屋买卖合同约定的过户手续无法办理,可能会影响合同的全面履行,但并不影响房屋买卖合同的效力,出卖人应当承担违约赔偿责任。典型案例有张某甲与张某乙房屋买卖合同纠纷。[3]

(二)绿本房过户登记问题

一般情况下,转让绿本房,须在具备办理红本房地产证的条件时,由出让人办理绿本房地产证转红本房地产证的手续,取得房屋的全部产权。房屋办理好红本房地产证后,再由出让人与受让人共同向深圳市不动产登记中心申请办理转移登记手续。在诉讼过程中,法院一般会向深圳市不动产登记中心、深圳市住房保障署、深圳市规划和自然资源局等有关部门发函调查涉案房产权属情况、上市交易的条件及期限等。在熊某与杨某、深圳市某

---

[1] 广东省深圳市龙港区人民法院民事判决书,(2017)粤0307民初14928号。
[2] 广东省深圳市中级人民法院民事判决书,(2019)粤03民终18824号。
[3] 广东省深圳市福田区人民法院民事判决书,(2014)深福法民三初字第535号。

房地产开发有限公司房屋买卖合同纠纷中,[1]原告诉请:确认涉案房产归原告所有;被告杨某、被告公司协助原告熊某办理将涉案房产变更为市场商品房(红本)的登记手续;被告杨某、被告公司协助原告办理涉案房产产权过户登记至原告名下的相关手续。为查明涉案房产是否能办理过户手续,在审理过程中,法院依法向深圳市不动产登记中心发函调查涉案房产的相关情况,有关部门在调查清楚涉案房产权属及其他情况后函复法院。本案中深圳市不动产登记中心函复称涉案房产已核发房地产证,登记权利人为深圳市某房地产开发有限公司;截至2018年8月27日,涉案房产无预售备案及预告登记、未见有效查封抵押等限制权利记录,涉案房产为非商品房性质,经主管机关批准并补足地价款后方可转让。

法院将根据查询的情况,判决如何交付房产。一般分为两种情况:

1. 诉争房屋取得全部产权的条件尚未成就的,法院将不予处理,待条件成就后再行起诉

在李某与赵某房屋买卖合同纠纷中,原告诉至法院,请求判令:(1)确定原、被告签订的《二手房买卖合同》合法有效;(2)被告即刻履行交付涉案房产义务;(3)被告向原告赔偿因延期交付造成的损失40,560元;(4)确认原告对涉案房产享有占有、使用、收益的权利;(5)被告在涉案房产符合取得全部产权条件时,履行协助原告将涉案房产的房产证换领为市场商品房房产证并将该产权过户登记给原告的义务。二审法院支持了原告前四项请求,但二审终结时涉案房产取得全部产权的条件尚未成就,故法院对原告提起的第五项诉讼请求不予处理,待诉争房屋取得全部产权的条件成就之后,原告再另循法律途径向被告主张权利。[2]

2. 诉争房屋取得全部产权的条件成就的,法院判决依法过户

在上述案例中,时隔4年后,李某再次起诉赵某,要求赵某履行协助其将涉案房产的房产证换领为市场商品房房产证并将该产权过户登记给原告的

---

[1] 广东省深圳市福田区人民法院民事判决书,(2018)粤0304民初28313号。
[2] 参见广东省深圳市中级人民法院民事判决书,(2012)深中法房终字第2135号。

义务。审理过程中,法院查明涉案房产已于2009年办理绿本房地产证,按照相关规定,现已符合绿本转红本条件,即诉争房屋转让条件已成就。法院认为,涉案房产现已可以办理绿本房地产证转为红本房地产证手续,原告请求被告、第三人办理该手续,应予以支持,并作出如下判决:(1)被告赵某、第三人深圳市某工程有限公司应于本判决生效之日起3日内向深圳市住房和建设局申请办理福田区彩田北路东侧×园1号楼××号房产绿本房地产证转为红本房地产证手续,相关费用由原告李某全部承担;(2)被告赵某取得红本房地产证后3日内协助原告李某将福田区彩田北路东侧×园1号楼××号产权登记过户至原告李某名下,费用由原告李某承担。[1] 类似案例还有李某与郑某房屋买卖合同纠纷,二审法院函询深圳市住房保障署、深圳市交通运输委员会,依前述深圳市住房保障署、深圳市交通运输委员会复函的内容,涉案房产如需转为市场商品房,需由郑某向深圳市交通运输委员会提交相关资料予以核查,并由深圳市住房保障署审核同意后至深圳市不动产登记中心依法办理。二审法院认为,从本案现有证据来看,涉案合同继续履行并不存在障碍,李某诉请郑某协助办理房产过户的相关手续符合合同约定,理据充分,应予支持。二审法院判决郑某应于本判决生效之日起30日内办理相关手续将涉案房产转为市场商品房,转为市场商品房需补交的地价、办证等费用由李某承担;郑某应于涉案房产转为市场商品房之日起10日内协助李某办理涉案房产过户手续,将产权过户登记至李某名下,房产过户产生的税费、办证等费用由李某承担。[2]

综上,法院在审理绿本房买卖合同纠纷中,倾向于认为城镇绿本房买卖合同为有效合同。对于过户问题,法院会先向有关部门发函询证房产权属及过户的限制条件,若房产在审理过程中不具备过户条件,法院一般对过户问题不做处理,待具备条件后买卖双方再另寻途径解决;若房产在审理过程中已具备过户条件,法院一般会判决卖方先行完成绿本转红本手续,房产取

---

[1] 参见广东省深圳市福田区人民法院民事判决书,(2016)粤0304民初1233号。
[2] 参见广东省深圳市中级人民法院民事判决书,(2017)粤03民终9218号。

得完全产权后,卖方再过户至买方名下。

三、城镇绿本房买卖风险提示

虽然在司法审判中法院对买卖城镇绿本房持肯定态度,但是买方在购买城镇绿本房时仍需要谨慎处理。

第一,买方务必了解清楚绿本房的情况。在条件允许的情况下,除了需要认真审核卖方的房产证,建议买方与卖方前往深圳市不动产登记中心打印房产信息,一一核对登记信息与房产证上所载信息是否一致;通过打印房产信息了解房产是否有被抵押、查封等权利受限制的情形;了解房产权属来源,通过登记信息核查房屋是企事业单位职工福利房,还是其他途径的绿本房,权属来源不同,买卖合同效力也会有所不同。

第二,买方需与卖方确认绿本房产证是否具备转为红本的条件。如果是作为企事业单位职工福利房的城镇绿本房,一般在一定年限后即可上市交易。因此,在交易前,买方务必了解房产是否已经经过特定年限。

另外,买方务必了解绿本转红本的流程和要求。买方可以通过前往深圳市不动产登记中心及深圳市住房和建设局现场了解或者通过深圳政府在线网上平台查询各种类型的城镇绿本房(安居房、经济适用房)办理绿本转红本的流程和所需要的材料。绿本转红本一般需要补交地价和税费,建议咨询清楚拟购买房产需要补交的费用,同时了解绿本转红本所需要的材料。如果拟购买的房产不具备绿本转红本的条件,那么购买后极大可能将面临合同不能履行的情况,此时买方交易目的将落空。

因此前期做好充足的了解是十分关键的,必要的时候可以聘请律师提供专业法律咨询。同时建议当事人在买卖合同中约定好买卖双方的权利义务,如卖方应当负责完成绿本转红本;卖方向买方提供房产权利来源的相关材料并保证其真实性和合法性,以确保买方掌握房产的信息等。在房款交付时,可以采取分阶段付款,在办理完绿本转红本后支付一部分房款,在房屋完全过户至买方后再支付剩余房款。另外,买卖双方应当明确约定绿本转红本及红本过户时税费和地价承担方式,以免交易过程中产生分歧。务必约定清楚违约责任,特别是对于购买当下无法立马办理房产证的房屋,以确保买方交易目的落空时能获得赔偿。

第三,买方注意切勿因绿本房价格低而冲动消费,应当客观审慎地对交易作出评估和判断。深圳二手房交易市场一般均通过中介完成交易,而中介提供的合同一般是制式合同,无法修改,针对绿本房这类特殊情形,务必根据房产的不同情况签订补充协议或补充条款。同时,亦不能轻信房屋中介或卖方的不实宣传或介绍,以免交易目的落空,遭受不必要的损失。

下文笔者将介绍深圳原集体土地上小产权房买卖合同效力及交易风险。

购买深圳农民楼有风险吗?

我国房产证的颜色有红色和绿色两种,在深圳,绿本房分为城镇绿本房(俗称经济适用房)和原集体土地上的小产权房(俗称农民楼),上一篇文章笔者已经介绍了城镇绿本房,本文主要介绍原集体土地上的农民楼。

基本案情[1]

2003年1月8日,林某1、林某2作为权利人对涉案房产进行了深圳市宝安区处理历史遗留违法私房的申报。

2006年10月25日,位于深圳市宝安区××街道××社区××坊81号的私宅1栋经核准登记在林某1、林某2名下,林某1、林某2各占50%的份额,房地产证号为深房地字第×号,不动产权资料电脑查询结果表载明土地所有权来源为集体所有。

2013年4月18日,林某1、林某2作为甲方(卖方),李某2、李某3作为乙方(买方),双方签订了《房屋转让协议》,协议约定:甲方自愿将位于宝安区××街道××社区××坊81号房产转让给乙方,建筑面积为245.29平方米,房屋转让金额为114万元,办理相关手续所需费用均由乙方负责,乙方必须在签订本协议当日一次性支付购房款,甲方收款后必须开具收据;如果遇到政府或有关部门征收,所有赔偿款全归乙方所有,与甲方无关,但甲方应

---

[1] 参见广东省深圳市中级人民法院民事判决书,(2018)粤03民终1718号。

协助乙方办理有关手续;如果以后能够办理产权过户手续,甲方应无条件协助办理,但所需费用全部由乙方负担;本协议签订后,任何一方不得悔约,如果一方悔约,悔约一方应支付守约方违约金10万元。

2013年4月19日,林某1、林某2出具《收条》,表明收到涉案房屋的转让款114万元。双方确认李某2、李某3已经于2013年4月19日支付了房屋转让款114万元,且林某1、林某2当日将涉案房产交付给李某2、李某3,交付后由李某2、李某3使用至今。

由于案涉房产涉及拆迁,林某1、林某2向法院起诉请求:(1)确认林某1、林某2与李某2、李某3签订的《房屋转让协议》无效;(2)李某2、李某3返还深房地字第×号房屋及房地产证。

法院判决

经过一审、二审,法院认为,根据《合同法》第52条第5项的规定[1],违反法律、行政法规的强制性规定的合同无效。最高人民法院《关于适用〈中华人民共和国合同法〉若干问题的解释(一)》[2]第4条规定,《合同法》实施以后,人民法院确认合同无效,应当以全国人大及其常委会制定的法律和国务院制定的行政法规为依据,不得以地方性法规、行政规章为依据。本案中,虽然不动产权资料电脑查询结果表载明土地所有权来源为集体所有,但根据市规划国土委宝安管理局《关于A107-0932宗地业务咨询的复函》可知,《深圳市宝安龙岗两区城市化土地管理办法》(〔2004〕102号)第2条规定,"根据《中华人民共和国土地管理法实施条例》的相关规定,两区农村集体经济组织全部成员转为城镇居民后,原属于其成员集体所有的土地属于国家所有";《关于进一步加快宝安区处理历史遗留违法私房及生产经营性违法建筑工作的意见》(深宝府〔2006〕19号)第12条第5款规定,"对原村

---

[1] 参见《民法典》第143条第3项。
[2] 现已失效。本案审理时《民法典》暂未出台,故法院援引的系当时实施的法律规定。

民一户一栋私房的土地性质,变更为国有,土地来源为划拨,不确定使用年限"。由此可见,从土地性质的角度来看,涉案土地上房屋的转让并不违反法律和行政法规的强制性规定。虽然涉案房产目前尚不符合立即办理过户的条件,但双方关于办理过户手续的约定是以符合过户条件为前提的,即虽然房产现阶段无法通过办理过户手续的方式进行物权转移,但并不影响涉案《房屋转让协议》本身的合同效力。

法院最终驳回了林某1、林某2的诉讼请求。

案例评析

在分析交易风险之前,我们先要弄清楚原集体土地上农民楼的渊源。

一、原集体土地上农民楼的渊源

1992年11月11日,深圳市根据民政部《关于广东省撤销宝安县设立深圳市宝安区、龙岗区的批复》(民行批〔1992〕140号)撤销宝安县,设立宝安区和龙岗区。1993年7月14日,深圳市人民政府出台《深圳市宝安、龙岗区规划、国土管理暂行办法》(深府〔1993〕283号),规定宝安区和龙岗区辖区范围为城市规划区,对城市规划区范围的集体土地予以征用,土地性质由集体土地转为国有土地,用地单位或个人向有关机构申领房地产权证书。

针对原集体土地上的违法建筑,2002年3月1日生效的《深圳经济特区处理历史遗留违法私房若干规定》[1](深圳市人民代表大会常务委员会公告第33号)规定原村民违反规划、土地等有关法律、法规的规定未经原规划国土资源部门(现由自然资源部行使职权)批准,未领取建设工程规划许可证,非法占用国有土地或集体土地新建、改建、扩建的违法建筑,符合条件的予以确认产权,同时补办征地手续,并办理初始登记发放房地产证书。

上述文件出台后,宝安区和龙岗区的土地并没有完全转为国有土地。

---

〔1〕 该规定已被修改,现行有效的为2019年修正的版本。

为全面加快宝安、龙岗两区城市化进程,2003年10月29日中共深圳市委、深圳市人民政府发布《关于加快宝安龙岗两区城市化进程的意见》(深发〔2003〕15号),规定村集体经济组织全部成员转为城市居民,原属于其成员集体所有的土地依法转为国家所有。至此深圳的土地全部转为国有土地。2004年6月26日深圳市人民政府出台的《深圳市宝安龙岗两区城市化土地管理办法》(深府〔2004〕102号)对土地城市化管理出台了具体办法。

关于原集体土地上的违法建筑,2009年5月27日深圳市人民代表大会常务委员会再次出台文件《关于农村城市化历史遗留违法建筑的处理决定》[1](深圳市第四届人民代表大会常务委员会公告第101号),对农村城市化历史遗留违法建筑进行普查,符合确认产权条件的,按规定办理初始登记,依法核发房地产证。对于经过历史遗留违法建筑处理的原村民农民楼,根据《关于进一步加快宝安区处理历史遗留违法私房及生产经营性违法建筑工作的意见》核发绿本房地产证,土地性质为国有,土地来源为划拨,不确定使用年限。另外,1994年深圳市规划与国土资源局《关于颁发新〈房地产证〉的通知》(深规土〔1994〕576号)、2002年深圳市规划与国土资源局重新发布的《关于颁发新〈房地产证〉的通知》(深规土〔2002〕336号)以及2009年深圳市规划与国土资源局重新发布的《关于颁发新〈房地产证〉的通知》(深国房规〔2009〕1号)明确规定农村居民私人住宅颁发绿皮房地产证,记载为非市场商品房地产。

综上所述,2003年深圳的土地全部转为国有土地,原村民修建的农民楼经过历史遗留违法建筑处理后,符合条件的核发绿色房地产证,土地性质为国有,记载为非市场商品房地产。

二、原集体土地农民楼买卖合同效力问题

原集体土地农民楼买卖合同的效力需要区分几种情形,一种是有房产证的(本文的案例就属于此类情形),另一种是没有房产证的;没有房产证的

---

[1] 现行有效的决定是2019年修正的版本。

又进一步分为两种,分别是申报了历史遗留违法建筑普查暂无处理结果的和没有申报历史遗留违法建筑普查的。下面笔者具体分析在上述几种情况下买卖合同效力问题。

(一)办有房产证的农民楼

根据上述分析,我们已知原村民修建的农民楼经过历史遗留违法建筑普查符合条件的,核发绿色房地产证,针对该类房产,法院倾向于认为买卖合同有效,理由具体如下:

第一,尽管转让集体土地违反法律禁止性规定,但是深圳市的集体土地根据中共深圳市委、深圳市人民政府关于《加快宝安龙岗两区城市化进程的意见》(深发〔2003〕15号)的规定已经全部转为国有,转让原集体土地上的农民楼不违反法律和行政法规的强制性规定,买卖合同有效。从土地性质来看,《楼房转让合同书》并未违反法律、行政法规的强制性规定,合同有效。

除了本案的案例,其他类似的典型案例还有邓文某与王某、黄云某房屋买卖合同纠纷,[1]文某笑与文某敬、魏同某物权纠纷。[2]

第二,转让非市场商品房的房屋买卖合同并不当然无效。《民法典》第215条规定,当事人之间订立有关设立、变更、转让和消灭不动产物权的合同,除法律另有规定或者合同另有约定外,自合同成立时生效;未办理物权登记的,不影响合同效力。非市场商品房在转让时受到限制,在限制条件取消前,无法办理房屋所有权转移登记。房屋买卖合同约定的过户手续无法办理,可能会影响到合同的全面履行,但并不影响房屋买卖合同的效力。

以上情况的典型案例有薛某与郭某房屋买卖合同纠纷,[3]张某甲与吴某、张某乙外人执行异议之诉。[4]

---

[1] 参见广东省深圳市龙岗区人民法院民事判决书,(2019)粤0307民初17000号。
[2] 参见广东省深圳市中级人民法院民事判决书,(2013)深中法民终字第963号。
[3] 参见广东省深圳市宝安区人民法院民事判决书,(2019)粤0306民初8049号。
[4] 参见广东省深圳市中级人民法院民事判决书,(2017)粤03民终2674号。

（二）没有办房产证，但申报了历史遗留违法建筑普查暂无处理结果的农民楼

在农村城市化进程中，对于原集体土地上的违法建筑，深圳市曾出台了《深圳经济特区处理历史遗留违法私房若干规定》及《关于农村城市化历史遗留违法建筑的处理决定》。很多之前的村民根据上述规定对违法建筑进行了历史遗留违法建筑普查的申报，但是仅有符合条件的部分房产获得产权确认，并办理了房产证，还有部分违法建筑只有申报手续，并没有相关行政部门的处理结果。对进行过申报，但是没有相关行政部门处理结果的房产提起诉讼的，法院一般裁定驳回起诉。法院认为，房产已进行历史遗留违法建筑信息普查申报，行政主管部门尚未对涉案房产作出处理决定，在其合法性未能确定的情况下，法院不宜对涉案房产的实体权益进行处分。双方当事人应先行向行政主管部门申请处理，由行政部门对涉及的土地及地上建筑物、构筑物和其他设施进行认定后再行起诉。

以上情况的典型案例有黄某与张某、刘某宅基地使用权纠纷，[1]赖某、黄某房屋买卖合同纠纷，[2]谢某与刘某房屋买卖合同纠纷，[3]叶某甲与叶某乙房屋买卖合同纠纷，[4]陈某与王某房屋买卖合同纠纷。[5]

（三）没有办房产证，也没有申报历史遗留违法建筑普查的农民楼

对于没有办房产证，也没有申报历史遗留违法建筑普查的房产，法院倾向于认为涉案房产没有有效合法的报建手续，买卖合同无效。法院认为，《城乡规划法》第40条规定"在城市、镇规划区内进行建筑物、构筑物、道路、管线和其他工程建设的，建设单位或者个人应当向城市、县人民政府城乡规划主管部门或者省、自治区、直辖市人民政府确定的镇人民政府申请办理建设工程规划许可证"。第64条规定"未取得建设工程规划许可证或者未按

---

[1] 参见广东省深圳市中级人民法院民事裁定书，(2019)粤03民终6911号。
[2] 参见广东省深圳市中级人民法院民事裁定书，(2018)粤03民终21591号。
[3] 参见广东省深圳市中级人民法院民事裁定书，(2017)粤03民终7660号。
[4] 参见广东省深圳市中级人民法院民事裁定书，(2016)粤03民终14491号。
[5] 参见广东省深圳市中级人民法院民事判决书，(2015)深中法房终字第1732号。

照建设工程规划许可证的规定进行建设的,由县级以上地方人民政府城乡规划主管部门责令停止建设"。若涉案房产系未取得报批报建手续的违法建筑,法律禁止其流通,房屋买卖合同违反了法律法规的强制性规定,应属无效。

以上情况的典型案例有王某与胡某房屋买卖合同纠纷,[1]江某与廖某房屋买卖合同纠纷,[2]张某甲、张某乙、莫某与潘某、陈某房屋买卖合同纠纷,[3]邬某、揭某与曾某房屋买卖合同纠纷。[4]

综上所述,原集体土地上的农民楼,如果经过历史遗留违法建筑处理获得了房产证,法院倾向于认为买卖合同有效,该类房产虽然不得转让,但不影响合同效力。如果没有房产证,申报了历史遗留违法建筑处理但没有处理结果的,近几年深圳地区法院倾向于认为此类房产应当由行政部门先行处理,裁定驳回起诉。如果没有房产证且没有合法有效报建手续的,近几年深圳地区的法院倾向于认为买卖合同无效。

不过笔者在检索案例时发现有一个案例历经驳回起诉、发回重审,最终又被判决买卖合同无效。在廖某玉、廖某梅与李某珍房屋买卖合同纠纷一案中,廖某玉、廖某梅将深圳市龙岗区横岗街道大康社区莘塘村莘野路×号整栋房屋物业转让给李某珍,双方产生纠纷后廖某玉、廖某梅将李某珍起诉至龙岗法院请求确认涉案房屋转让协议无效。原一审法院认为涉案房产应先就涉案土地使用权请求人民政府进行处理,故裁定驳回起诉。原二审法院认为原一审法院裁定错误,本案属于人民法院应当受理的民事诉讼范围,裁定原一审法院再审。再审案件又经过了一审和二审,深圳市中级人民法院最终认为涉案房产没有办理报建报批手续亦未依法登记领取权属证书,涉案买卖合同无效。[5]

通过检索及分析案例笔者发现,深圳地区法院对于没有房产证的农民

---

[1] 参见广东省深圳市南山区人民法院民事判决书,(2018)粤 0305 民初 19280 号。
[2] 参见广东省深圳市龙岗区人民法院民事判决书,(2017)粤 0307 民初 17040 号。
[3] 参见广东省深圳市宝安区人民法院民事判决书,(2017)粤 0306 民初 20767 号。
[4] 参见广东省深圳市宝安区人民法院民事判决书,(2017)粤 0306 民初 19646 号。
[5] 参见广东省深圳市中级人民法院民事判决书,(2014)深中法房终字第 2025 号。

楼究竟是裁定驳回起诉还是判决合同无效有争议,没有明确统一的判决规则。近十年来,深圳地区法院对没有房产证的农民楼的判决思路也有逐步变化的过程。2015年之前深圳地区法院对于没有房产证的农民楼存在以转让集体土地以及受让人非本村村民为由判决买卖合同无效的案例,但是近几年逐渐开始关注有无申报历史遗留违法建筑物的处理。目前对于申报了历史遗留违法建筑处理但是没有处理结果的,法院倾向于裁定驳回起诉;对于没有申报历史遗留违法建筑处理,也没有合法有效报建手续的农民楼,法院倾向于认为买卖合同无效。

三、原集体土地上农民楼买卖风险提示

通过分析深圳地区法院裁决的思路,笔者认为购买原集体土地上农民楼的风险是非常大的。首先,买方务必了解清楚拟购买的农民楼有无房产证,有无房产证将直接影响合同效力。其次,购买农民楼极有可能导致合同目的落空,买方将遭受损失。即使有房产证,买卖合同被法院认定有效,但是该类房产不能转让,房产无法过户至买方名下,买方对房产并不享有所有权,其只能根据合同对卖方主张债权,无法主张物权。如果没有房产证,买卖合同被认定为无效,合同无效的结果是恢复原状,卖家返还购房款,买方返还房产。简言之,不管合同是否有效,买方最终都无法获得房产的所有权,并且需要返还房产给卖方。对于那些已经实际入住的买方,还将面临无房可住的困境。最后,据笔者了解,现在有关行政部门已经不再处理历史遗留违法农民楼。换言之,如果购买了申报历史遗留违法建筑处理但没结果的房产,极有可能面临行政部门不予处理,产生纠纷法院也不予处理的尴尬处境,买方合法权益更加得不到有效保护。

现在深圳市城市更新进展非常迅猛,很多之前的村民"一拆暴富",不少购房者一是看中了原集体土地上农民楼低廉的价格,二是看中了其未来城市更新的巨大潜力,但是不管是安家置业,还是投资升值,原集体土地上的农民楼都有风险。如果确要购买此类房产,特别是即将进行城市更新的,建议购买之前以及购买过程中聘请律师提供专业咨询。

购买军产房有风险吗?

前面几篇文章笔者介绍了小产权房中的经济适用房、农民房,本文给大家介绍小产权房中的军产房。在深圳地区,购房需要具有购房资格,截至2023年10月,深圳购房条件需要满足以下条件之一:(1)拥有深圳户口,落户满3年且连续缴纳3年个税或社保;(2)非深圳户口需在深圳连续缴纳5年个税或社保。如果不满足上述条件无法在深圳购房。因此,一些没有购房条件的购房者只能选择不需要购房条件的特殊类型房产,军产房便是其中之一。这类房产不限购,但是无法办理抵押,也无法贷款,支付房款无法按揭,需要一次性付清。那么购买军产房有什么风险呢?

基本案情[1]

2015年9月9日,郭某向王某转账支付10万元。王某出具收据,内容为:"今收到郭某购买深圳市××区××路×××宿舍楼×单元××层×房(涉案房产),购房定金10万元;购房成交价格310万元,购房价248万元的3%过户费用由买方承担,无其他费用。"

2015年10月9日,郭某委托律师向王某邮寄《律师函》,内容为:因郭某了解到王某出售的房产不属于商品房,无法在房管部门办理正规合法的过户手续,故郭某无法正常实现其房产的所有权,郭某与王某之间的房屋买卖

---

[1] 参见广东省深圳市中级人民法院民事判决书,(2016)粤03民终3526号。

行为属无效的民事行为,王某收取的定金应如数返还;通知王某收到本函后3日内向郭某归还定金10万元。

另查,2013年6月23日,王某(乙方)与深圳市某控股集团有限公司(甲方)签订《合作建房合同》,约定:乙方自愿参加位于深圳市××区××路×××宿舍楼项目合作建房,并选定该项目×单元××层×号房屋,建筑面积142.8平方米;乙方应交纳合作建房款共计248万元;乙方选择一次性付款的方式支付购房款;甲方于2013年6月23日前将合作建房交付乙方;甲方交付乙方的房屋属合作集资性质军产房,产权以《房屋所有权证》登记为准,国家另有规定的按规定执行;在乙方付清合作建房全款、接到甲方入住通知,并交清办证所需资料及费用(办理产权证费用由乙方另行支付)之日起6个月内,甲方负责向广东省武警边防总队深圳经济特区检查站申请办理军产房《房屋所有权证》,并交予乙方;乙方在付清合作建房款后如果需要转让本合同房屋,应征得甲方房屋管理部门同意并办理相应变更手续,产权变更手续费用由乙方承担等。

由于购房发生争议,郭某向法院起诉,要求确认与王某的房屋买卖合同无效,并要求王某返还定金10万元。

法院判决

经过一审和二审,法院最终判决郭某与王某之间的房屋买卖合同无效,并判令王某返还郭某购房定金10万元。

法院认为,本案的争议焦点为:(1)双方当事人之间是否成立了房屋买卖合同关系;(2)该房屋买卖合同是否有效。

关于双方当事人之间是否成立房屋买卖合同关系的问题,涉案定金收条记载了双方当事人的姓名、买卖标的物、价款、定金等内容,双方当事人均认可其真实性。当事人对合同是否成立存在争议,人民法院能够确定当事人名称或者姓名、标的和数量的,一般应当认定合同成立。从涉案定金收条记载的内容可以确定当事人姓名、标的和数量,因此,应认定双方当事人已成立了房屋买卖合同关系。

关于双方当事人之间房屋买卖合同的效力问题,根据当事人提交的证据,涉案房屋系军产房。《城市房地产管理法》第 24 条规定,军事用地由县级以上人民政府依法批准划拨。第 32 条规定,房地产转让、抵押时,房屋的所有权和该房屋占用范围内的土地使用权同时转让、抵押。第 40 条规定,以划拨方式取得土地使用权的,转让房地产时,应当按照国务院规定,报有批准权的人民政府审批。涉案的房屋买卖合同未履行法定的审批程序,应认定无效。因涉案合同无效,王某基于涉案合同所收取的定金 10 万元应退还郭某。王某主张郭某违约,要求没收其定金,理由不成立,法院不予支持。

案例评析

本案以合同无效、返还定金收尾,那么军产房到底是什么,购买军产房有什么风险呢?笔者下面将通过分析深圳地区法院裁判规则一探究竟。

一、什么是军产房?

根据《中国人民解放军房地产管理条例》的规定,军队房地产"是指依法由军队使用管理的土地及其地上地下用于营房保障的建筑物、构筑物、附属设施设备,以及其他附着物"。"军队房地产的权属归中央军委,其土地使用权和建筑物、构筑物以及其他附着物的所有权,由总后勤部代表行使。军队房地产管理的业务工作由各级后勤(联勤)机关营房管理部门归口管理。军队房地产按其用途分别由有关单位和业务部门具体负责使用和管护"。"总后勤部在房地产管理方面履行下列职责:……(二)负责军队房地产调配、处置、利用和管理;(三)会同国家有关部门审批军队建设项目用地计划;(四)审批军级以上单位的营区规划;(五)决定全军房地产普查、登记、清理等重大事宜"。

另外,根据《中国人民解放军房地产管理条例》第 44 条的规定,军队房地产可以有偿转让,包括合建、换建、兑换,但是需要总后勤部(现已改编为军委后勤保障部)审批。因此,实践中一些军区引入了外部房地产建设单位一同将部分军队房产合建为住宅。该类房产可以从军队处一手受让,并由军队总后勤部(现已改编为军委后勤保障部)负责房产登记。军队房产居住用地最高使用年限为70年,工业、教育、科技、文化、卫生、体育用地的最高使用年限为50年,商业、旅游、娱乐用地的最高使用年限为40年,综合或其他用地的最高使用年限为50年。

转让军用土地使用权颇为复杂。根据《城市房地产管理法》第24条的规定,军事用地取得方式为划拨,也就是说,军产房为划拨用地。虽然可以从军队受让,但是想要二手转让,需要按照国务院规定,报有批准权的人民政府审批。有批准权的人民政府准予转让的,应当由受让方办理土地使用权出让手续,并依照国家有关规定缴纳土地使用权出让金。另外,如果根据《军用土地使用权转让管理暂行规定》转让军用土地使用权,不论数量多少,一律报总后勤部(现已改编为军委后勤保障部)审批。该规定第13条规定,"转让军用土地使用权按下列程序办理:(一)转让单位进行土地开发可行性论证、合作对象资信调查和签订合同(协议)后,向大单位提出申请;(二)各大单位审核确定土地面积、用途、用地范围和评估地价后,按程序上报审批;(三)军委、总部批复后,按规定向总后勤部和大单位后勤部缴纳土地转让费和土地管理费,领取《军用土地补办出让手续许可证》(以下简称《许可证》),凭《许可证》到当地人民政府土地管理部门办理土地出让、权属过户手续"。

2015年之后,实践中已经不允许军产房的流转,军队也不再为二手军产房买家进行变更登记。这也就意味着购买二手军产房是无法办理房产证的,从产权登记来说,部队登记的权属人始终是一手买家,二手买家无法办理任何产权登记。这也是军产房频频引发争议的根本原因。

军产房除了产权登记特殊,支付房价款的方式也有别于其他类型房产。由于军产房权属登记归军队总后勤部(现已改编为军委后勤保障部)管理,所以政府不动产登记部门是没有军产房权属信息的。这也导致军产房无法抵押,在购买的时候,不能向银行抵押借款,只能自筹资金支付房款,一般一次性付清。而且发生争议时,法院也无法查封军产房。

没有房产证、购房款一次性付清,对于二手买家来说,这些条件使购买军产房成为风险颇高的交易行为。

二、购买军产房有什么风险,后果如何?

如前所述,根据《城市房地产管理法》的规定,军产房为划拨用地,如果转让需要报有批准权的人民政府审批。如果未经政府审批直接转让的,转让行为将因为违反法律、行政法规的强制性规定无效。也就是说,如果未经有关政府审批直接转让的,军产房二手买卖合同无效。

根据《民法典》第157条的规定,民事法律行为无效,行为人因该行为取得的财产,应当予以返还,有过错的一方还应当赔偿对方由此所受到的损失,各方都有过错的,应当各自承担相应的责任。军产房二手买卖无效,卖方应当退还买方支付的房款,如果买方占有相关房产的,买方应当返还房产。由于军产房是特殊房产,买卖双方应当知道买卖的风险,对于合同无效双方均有过错,各自承担相应的责任。一般常见的损失包括买方支付房款相应的利息损失、买卖房屋的中介费、买卖双方的租金损失等。

三、深圳地区法院对军产房的裁判规则

截至2023年10月1日,通过"北大法宝"搜索关键词"军产房"可以检索到214篇案例。深圳地区基层法院及中级人民法院均倾向于认为二手军产房买卖行为无效。法院认为争议房产为军产房,房屋土地所有权属于军队,军队用地依法应属划拨用地,将军产房作为商品房出售违反了国家法律、行政法规的强制性规定,因此无效。合同无效的,合同约定的有关违约金等条款也无效,双方不能据此主张违约金。因无效合同取得的财产,应当予以返还,卖方应当返还买方购房款。对于买方因此遭受的利息损失,买卖双方均有过错的,卖方应当对买方的利息损失承担一半责任。典型案例有贺某诉蔡某等房屋买卖合同纠纷案[1]、夏某等诉刘某房屋买卖合同纠纷

---

[1] 参见广东省深圳市宝安区人民法院民事判决书,(2015)深宝法民三初字第1444号。

案〔1〕晏某与黎某房屋买卖纠纷案、〔2〕余某与张某房屋买卖合同纠纷案。〔3〕

在检索中,通过分析案例,笔者发现部分卖方认为转让军产房未履行法定审批程序,应当驳回起诉。在徐某与何某房屋买卖合同纠纷二审民事判决书中,深圳市中级人民法院认为,军产房二手买卖因违反法律法规禁止性规定被确认无效后,仅涉及房款返还的相关问题,不涉及涉案军产房本身合法性及权属的认定,故可以作为民事诉讼受理。〔4〕这个案例体现了深圳市中级人民法院关于军产房是否属于人民法院受理范围的审判态度。军产房目前在军队层面已经无法办理流转手续,那么买卖双方发生争议只能诉诸法院,如果法院再以不在审理范围为由驳回起诉的话,那么对于买方而言,维权的合法途径基本全部丧失。正如之前的分析,军产房由于其特殊性,只能一次性付款,在深圳地区军产房都在百万元以上,面积大的甚至会突破千万元。如果法院不处理,军队也不处理的话,那么买方的血汗钱将付之一炬,而对于卖方而言接受巨额购房款的履行不甚公平。日后法院对于军产房的审判态度会如何变化,还需要时间来检验。

四、军产房购买建议

由于军产房需要一次性付清购房款,其实不适合大多数购房者,如果有刚需的购房者建议购买有产权证且能过户的房产。虽然目前深圳地区法院对于军产房的倾向性意见是实体审理并判决合同无效、返还购房款,但是不排除在未来法院审判态度可能会有所改变,如对该类案件直接驳回起诉。该类房产交易风险过大,笔者不建议购买。

---

〔1〕 参见广东省深圳市宝安区人民法院民事判决书,(2015)深宝法民三初字第2255号。
〔2〕 参见广东省深圳市中级人民法院民事判决书,(2013)深中法房终字第2560号。
〔3〕 参见广东省深圳市中级人民法院民事判决书,(2018)粤03民终10740号。
〔4〕 参见广东省深圳市中级人民法院民事判决书,(2018)粤03民终21615号。

与村民合作建房，合同无效时，房产归谁？

根据中共深圳市委、深圳市人民政府《关于加快宝安龙岗两区城市化进程的意见》(深发〔2003〕15号)、《深圳市宝安龙岗两区城市化土地管理办法》(深府〔2004〕102号)、《关于农村城市化历史遗留违法建筑的处理决定》[1](深圳市第四届人民代表大会常务委员会公告第101号)、《关于进一步加快宝安区处理历史遗留违法私房及生产经营性违法建筑工作的意见》(深宝府〔2006〕19号)，深圳村集体经济组织全部成员转为城市居民，原集体经济组织转为村股份公司，原属于其成员或集体经济组织所有的土地依法转为国家所有。在深圳征转用地过程中，原村民及村股份公司获得建房指标或建房用地，于是出现了大量原村民或村股份公司以土地出资寻求市场主体出资合作建房的情形。那么与村民或村股份公司合作建房，合同效力是否有效，建成后房产权属归谁呢？下面笔者将通过案例来阐述相关问题。

基本案情[2]

2010年1月8日，A股份公司(甲方)与B公司签订一份《合作开发协议》，合同约定：双方合作开发位于深圳市龙岗区××地段的土地开发项目，项目占地面积约73,000平方米，具体按国土局确认的红线面积为准。双方合作方式为一方出地一方出资、共同开发物业分成，甲方以提供上述地块的

---

[1] 现行有效的决定是2019年修正的版本。
[2] 参见广东省深圳市中级人民法院民事判决书，(2020)粤03民终10433号。

原始使用权为合作条件,乙方以提供该项目开发建设与经营所需的全部资金为合作条件,资金投入按开发进度分期分批投入,所需交付的税费由各方自行负责。

甲方责任和义务为:(1)负责开发前期的拆迁、平整、补偿(含青苗、果树等所有补偿)等工作,并承担所需费用,在取得合作建房批复手续后30日内完成;(2)及时无条件提供该项目开发所需的一切相关文件、资料,负责协调处理该项目与街道办等部门的相关事宜,并协助乙方办理开发建设经营的相关手续,直至该项目开发结束为止;(3)向乙方提供甲方股东同意与乙方合作开发该项目的股东会决议原件,并保证甲方股东及相关家属等人员不妨碍该项目的开发经营;(4)负责保证满足该项目占地面积要求的返还用地指标落实到该地块。

乙方的责任和义务为:(1)负责本项目开发建设所需的全部投资(除甲方应交税费);(2)负责该地块开发建设的地质勘探、规划设计、工程设计、施工、监理等与之相关的工作;(3)负责办理该地块合作建房的批复、报批、报建及申请施工许可证、预售许可证、房屋销售及产权证等有关手续;(4)负责施工现场的管理及所有相关事宜;(5)该项目的物业归乙方管理。

关于费用承担、支付方式及时间合同双方还约定:(1)本协议书签订后(具体时间见补充协议)乙方向甲方支付定金300万元;(2)乙方须按照《国有土地出让合同》的规定及时交纳土地出让金;(3)乙方按约定向甲方支付相关款项,甲方均须提前提供正式税务发票,否则乙方有权拒付并无须承担违约责任。

关于项目利益分配问题,双方在合同中约定:因该项目需要完善的各项手续较多,风险指数、前期费用、资金占用成本等各项开支和投入远大于正常的开发项目,本着乙方所得利润与正常开发其他项目所得利润相当的原则,双方同意按现有的规划面积以1:9的比例分成,即甲方得1、乙方得9(如甲方需提前提取开发利润或改变分配形式双方可另行签订补充协议),各方所得利益由各方自行支配,所需交付的税费由各方自行承担。

2013 年 5 月 10 日，A 股份公司向 B 公司发出《解除合同通知书》，内容为：由于合同约定用于开发的土地使用权被政府相关部门冻结，此系因政策的原因致使双方签订协议丧失了履行的基础，双方自签订合同以来均未履行合同约定的义务，且现行法律及政策均否定一方以出地的形式合作开发房地产；因此双方所签订的《合作开发协议》因政策原因已不能履行，为了确保合同双方的权益，现通知解除 2010 年 1 月 8 日签订的《合作开发协议》。

2013 年 7 月 26 日，B 公司向 A 股份公司发出《强烈要求继续履行合同通知书》，不同意解除双方项目合作协议，要求 A 股份公司继续履行协议。之后，B 公司于 2016 年 11 月 25 日、2017 年 6 月 23 日、2019 年 2 月 21 日向 A 股份公司发出《关于尽快履行协议义务的函》《关于再次要求尽快履行协议义务的函》，要求 A 股份公司履行协议约定的义务。

2013 年 11 月 19 日，A 股份公司向法院提起诉讼，请求确认与 B 公司于 2010 年 1 月 8 日签订的《合作开发协议》无效。

法院判决

本案经过一审、二审，法院最终判决《合作开发协议》无效。

法院认为，根据《深圳市原农村集体经济组织非农建设用地和征地返还用地土地使用权交易若干规定》第 3 条、第 7 条的规定，原农村集体经济组织非农建设用地以合作开发等方式进入市场交易的，应当与规划国土部门签订土地使用权出让合同并缴清地价。A 股份公司与 B 公司签订涉案《合作开发协议》，约定由 A 股份公司提供自有集体土地、B 公司提供资金，双方共同开发房地产并按比例分配销售利润，即属于前述规定所指原农村集体经济组织的非农建设用地以合作开发方式进入市场交易的情形。该合同的履行需以办理相关的土地使用权出让手续为前提，故其性质实质上属于最高人民法院《关于审理涉及国有土地使用权合同纠纷案件适用法律问题的解释》第 12 条[1]所规定的合作开发房地产合同。虽本案各方对于涉案土地是否已完善土地使用权出让手续均未举证证明,但即便涉案开发地块已办理土地使用权出让手续,根据前述司法解释第 13 条第 2 款关于"当事人双方均不具备房地产开发经营资质的,应当认定合同无效"的规定,因 A 股份公司与 B 公司均不具备房地产开发经营资质,双方签订的《合作开发协议》依法应认定为无效。

案例评析

一、与村民或村股份公司合作建房,合同效力如何?

在判断合同效力时,需要判断两个重要因素:一是土地性质;二是合作双方是否具备房地产开发经营资质。

1. 是否与规划国土部门签订土地使用权出让合同,决定所建房产能否上市交易

根据《关于进一步加快宝安区处理历史遗留违法私房及生产经营性违法建筑工作的意见》第 12 条的规定,深圳地区将原村民所居土地的性质变更为国有,土地来源为划拨,不确定使用年限。根据《城镇国有土地使用权出让和转让暂行条例》第 44 条的规定,划拨土地不得转让、出租及抵押。同时根据《深圳市原农村集体经济组织非农建设用地和征地返还用地土地使用权交易若干规定》第 3 条的规定,非农建设用地中的原农村居民住宅用地(含统建楼用地)和公共设施用地不得进行土地使用权交易。根据前述规定可知,虽然深圳原村民及村组织所在土地的土地性质转为城镇国有土地,但是土地来源为划拨用地,并不能直接上市交易。如需要上市交易,根据《深圳市原农村集体经济组织非农建设用地和征地返还用地土地使用权交易若

---

[1] 最高人民法院《关于审理涉及国有土地使用权合同纠纷案件适用法律问题的解释》第 12 条规定:"本解释所称的合作开发房地产合同,是指当事人订立的以提供出让土地使用权、资金等作为共同投资,共享利润、共担风险合作开发房地产为基本内容的合同。"

干规定》第 7 条的规定,必须与规划国土部门签订土地使用权出让合同,缴清地价,将土地转为商品性质,否则仅为自用,用地为非商品性质。因此,拟与村民或村股份公司合作建房并进行出售,必须判断相关土地是否已经与或者将要与规划国土部门签订土地使用权出让合同,否则建成的房产只能由村民或村股份公司自用,不得交易出售。

在广东其他城市仍然保有村集体组织及村集体性质的土地。如果在此类土地上合作建房,也存在合同无效的风险。

2. 是否具备房地产开发经营资质,决定合同效力

根据最高人民法院《关于审理涉及国有土地使用权合同纠纷案件适用法律问题的解释》第 13 条的规定,合作开发房地产当事人一方具备房地产开发经营资质的,应当认定合同有效。当事人双方均不具备房地产开发经营资质的,应当认定合同无效。因此,如果合作方没有房地产开发经营资质,即便双方实际履行了合同,甚至进行了房屋建设,相关合作开发房地产的合同也是无效合同。

二、合同无效后,相关房地产权属归谁?

根据《民法典》第 157 条的规定,民事法律行为无效,行为人因该行为取得的财产应当予以返还,不能返还的应当折价补偿,双方对民事法律行为无效均有过错的,应当各自承担责任。结合上面分析可知,如果合作建房的土地是不能上市交易的土地,那么合同无效之后,房地产仍然归原权利人所有,合作方并不能因此获得相关房产或土地的权属。如果原权利人获得了合作方资金的,应当予以返还。双方如果在交易过程中遭受了损失,需按照各自过错分担责任。

三、此类房产交易风险如何?

在实践中,不乏双方均不具备房地产开发资质,有关土地也无法上市交易,但是仍然建成房产的情形。在此情形下建成的房产,由于无法取得建设用地规划许可证、建设工程规划许可证、国有土地使用证、建筑工程施工许可证、商品房销售(预售)许可证、住宅质量保证书(俗称"五证一书"),其本

质上为违章建筑。此类房产销售给买受人,将存在房屋买卖合同无效,无法办理不动产登记证书的风险。在此类合作建房中,常见的情况是村民或村股份公司与合作方约定房产建成后,给合作方分配指定房产。即便双方对于合作建房无争议或纠纷,但事实上此类房产根本不能交易也不能过户,合同效力存在瑕疵,如果村民或村股份公司未能按照约定向合作方分配房产,合作方将面临权益无法实现的情况,且通过诉讼维权也无法实现诉求,合作方可能只能获得金钱赔偿。

四、与村股份公司合作建房的合法路径如何探索?

2016年,深圳市发布《关于建立健全股份合作公司综合监管系统的通知》(深办字〔2016〕55号),要求各区将集体用地合作开发建设、集体用地使用权转让和城市更新等资源交易项目纳入公平资源平台统一实施。如果拟与村股份公司合作建房必须经过集体资产交易平台进行竞标。需要村股份公司方面开展前期测绘、可行性研究、资产评估、制订方案、方案公示、"三会"表决、股东(代表)大会表决等一系列前置程序,集体土地才能进行平台交易。因此,深圳各村股份公司进行的土地开发也逐渐被部分专业能力强、经验丰富、实力雄厚的房地产开发企业替代。随意开发土地、非法施工建设的时代一去不复返。

如果一些资金方资金雄厚,但是没有房地产开发资质,也没有房地产开发经验,无法直接与村股份公司合作。如果此类资金方看好某些房地产项目,可以先与有实力的房地产开发企业合作,以增资扩股或者股权转让的方式进入房地产开发企业,成为其股东。如果该房地产开发企业成功中标村股份公司土地合作开发项目,资金方作为股东自然能享有收益。同时,资金方也可以与房地产开发企业约定,如果房地产开发企业未能中标项目,资金方可以退出并拿回投资款。

综上,与村民或村股份公司随意合作的时代已经随法律法规的健全而终止,此前因合作发生纠纷的处理也由越来越多的生效判决指明方向。未来深圳地区集体土地的开发建设将朝着市场化、规模化、合法化、规范化的方向发展,这也促使房地产开发企业和资金方必须强强联合,做大做强。

与村民合作建房,合同无效时, 建房损失如何分摊?

在前一篇文章《与村民合作建房,合同无效时,房产归谁?》中,笔者已经探讨了在深圳地区与村民合作建房的前提条件,即合作方具备房地产开发资质,同时被开发的土地必须与规划国土部门签订土地使用权出让合同或经过集体资产交易平台公开招投标流程。除了深圳的土地已经全面转为国有用地,广东其他地区还存在大量的集体土地,那么与村民在集体土地上合作建房,合同无效时,建房损失如何分摊呢?下面笔者通过分析案例来进行阐述。

基本案情[1]

李某是广东省韶关市新丰县 A 村村民。陈某是新丰县 B 村村民。陈某在新丰县 B 村某组拥有某房屋,并办有集体土地使用权证号,使用权证记载该房屋用地面积 121 平方米,土地使用者为陈某,房屋所有权人为陈某。

2017 年,李某通过朋友介绍认识陈某。后陈某与李某签订《合作协议》,该协议载明:经双方友好协商现陈某愿将自有房屋拆除建新房,由李某包工包料承建,每平方米 1300 元,以实际方量计算;初步暂定建设 10 层,具体以地质报告及手续为准;合同细节另行商议,现李某向陈某支付 1 万元定金。

---

[1] 参见广东省韶关市中级人民法院民事判决书,(2022)粤 02 民终 397 号。

甲方落款处为陈某签名,乙方落款处为李某签名。2019年8月2日,李某通过中国农业银行向陈某的银行账户转账2万元。

2019年12月13日,新丰县自然资源局国土空间规划局向陈某出具《规划红线图批前公示批建指标》,该文件载明:建设单位(或个人)陈某,建设项目为住宅楼,建设地点为丰城街道B村,批建指标用地面积为121平方米;建筑总层数为6层。

经协商,2020年1月20日李某与陈某签订《合作兴建楼房合同》,该合同载明:经甲(陈某)乙(李某)双方友好协商,本着平等、自愿、诚信的原则,甲方同意将位于B村某组的房屋交给乙方由其出资兴建一栋10层半楼房,双方达成协议内容如下:

乙方出资在甲方土地使用证红线内兴建一栋10层的新楼房。(1)本楼房顺利建成10层后1至4层楼交付给甲方永久使用,所有权归甲方所有。如因政策原因只能建10层以下,则1至3层交付给甲方,以此类推。(2)1至3层楼四面外墙砌18厘米红砖墙,内墙砌12厘米红砖墙。内墙、天花板打水泥底,并用石灰砂浆批烫平整,要按甲方要求在指定位置留好位置、留好所有门洞并交付给甲方使用,装修好一套房交给甲方。(3)1至3层楼房所有光窗由乙方负责安装好不锈钢防盗网和铝合金窗并交给甲方使用。(4)自本项目开工之日乙方交付30万元保证金给甲方,建至4层时应无条件退还给乙方。本楼建成后,4至10层楼和约30平方米的首层归乙方所有。如乙方需要甲方提供应有证件手续时,甲方应无偿协助乙方办理好所需相关手续,相关费用各方自理。

2020年3月17日,李某通过中国工商银行股份有限公司新丰支行向陈某的银行账户转账28万元。2020年3月27日,陈某搬离位于新丰县B村某组的房屋,搬家花费900元。2020年12月,李某与陈某对履行合同存在争议,且未能协商达成一致,未能签订补充协议。

2021年1月31日,陈某搬回位于新丰县B村某组的房屋,搬家花费900元。2020年3月27日至2021年1月31日陈某家庭租房产生租金6000元。

2021年1月至8月,陈某对位于新丰县B村某组的房屋的墙壁、水电设施、门窗等进行装修并支付了装修费用。2021年8月16日,李某提起本案诉讼,要求:(1)陈某返还3万元定金;(2)陈某返还28万元保证金;(3)陈某赔偿设计费损失5000元。

法院判决

经过一审、二审,法院最终判决陈某返还李某定金、保证金31万元,李某向陈某支付搬家、租房费用3900元。

法院认为,双方所签订的虽然是《合作兴建楼房合同》,但合同约定建成后部分楼层归李某所有,实质上存在变相转让农村村民住宅建设用地的行为,违反了法律法规的禁止性规定,该合同无效。合同无效或者被撤销后,因该合同取得的财产,应当予以返还;不能返还或者没有必要返还的,应当折价补偿。有过错的一方应当赔偿对方因此所受到的损失,双方都有过错的,应当各自承担相应的责任。陈某因涉案合同取得的定金、保证金31万元应当返还给李某。双方因此造成的损失应当根据过错程度各自承担相应责任。关于过错责任的问题,在签订合同之前,合同双方均知晓合同项下地块的性质是集体土地,因此李某与陈某对于合同无效负有同等的过错责任。

关于双方的损失问题,签订《合作兴建楼房合同》后,虽然李某与陈某按照合同约定着手办理报建手续、搬离涉案房屋等合作建房的前期准备工作,但因李某与陈某于2020年12月对合同的履行细节存在争议且对如何履行也未达成意见一致的补充协议,双方实际上已放弃履行合同。李某主张支出设计费5000元,但未提供证据予以证实,故对李某该项诉讼请求,法院不予支持。陈某主张搬离涉案房屋、租住房屋、搬回涉案房屋产生费用7800元,该款属于陈某因履行合同产生的款项,李某在本案录音证据中对租房费用亦予以认可,故对该项费用损失,法院予以确认。陈某的搬家、租房费用7800元,应由李某与陈某各承担50%,故李某应向陈某支付搬家、租房费用

3900元。陈某主张房屋复原费用245,655.6元,但直至一审庭审辩论终结前,陈某未提交证据证明向李某交付了房屋或李某存在对涉案房屋进行拆除的行为或涉案房屋因合同产生了必要的修复费用,故对陈某该项反诉请求,法院不予支持。

案例评析

一、村民常见的建房模式

实践中常见的合作建房模式一般有两种。

第一种类型是"合作建房,分享产权"。一般而言,村民手里有地,但是手里没钱或技术,想要新建房屋,必须与他人合作。村民由于资金短缺或不愿支付资金,多采用"以物抵债"的方式完成合作,即合作方修好房屋后,分一部分给合作方。而且实践中,很多楼房存在超规划建设的情况,村民获得规划内部分,超规划部分由合作方获得。对于村民而言,没有资金投入但获得了新建楼房;对于合作方而言,获得的价值远大于建设投入的成本,双方似乎形成"双赢局面"。

第二种类型是"委托建房,支付对价"。在这种类型的建房中,村民出钱委托第三人对原有的房屋进行建造,建造人只获得相应的工程对价,不获取新建房产,新房产完全由村民所有。

二、集体土地上建房的合同效力问题

在判断合作建房合同效力问题时,首先要判断合同所涉土地性质和合作模式,不同性质的土地(如国有出让土地、国有划拨土地、集体土地)适用的法律不同,会直接影响合同效力。房屋位于村集体土地上的,适用集体土地相关的法律规定。《土地管理法》第9条规定:"城市市区的土地属于国家所有。农村和城市郊区的土地,除由法律规定属于国家所有的以外,属于农民集体所有;宅基地和自留地、自留山,属于农民集体所有。"《土地管理法》第62条第1款规定:"农村村民一户只能拥有一处宅基地,其宅基地的面积不得超过省、自治区、直辖市规定的标准。"如果合同涉及转让集体土地,那

么该合同无效。

在第一种模式下,如果合作方并非本村村民,经过建房后合作方获得了相应的房产,那相当于变相地使村集体以外的第三人获得了村集体土地及建筑物,这是违反法律禁止性规定的,相关合同按无效处理。这也是本案例中,李某和陈某的合同被法院判定无效的原因。如果合作方是本村村民,合作建房后,合作方获得相应的房产,相当于该村民在本村的土地及房屋有所增加,双方合作的合同和行为需要向村集体组织报备。

在第二种模式下,需要区分建筑房屋规模来判断合同的效力。原建设部(现由住房和城乡建设部行使职权)《关于加强村镇建设工程质量安全管理的若干意见》(建质〔2004〕216号,现已失效)第3条第1款规定:"对于建制镇、集镇规划区内的所有公共建筑工程、居民自建两层(不含两层)以上、以及其它建设工程投资额在30万元以上或者建筑面积在300平方米以上的所有村镇建设工程、村庄建设规划范围内的学校、幼儿园、卫生院等公共建筑(以下称限额以上工程),应严格按照国家有关法律、法规和工程建设强制性标准实施监督管理。建制镇、集镇规划区内所有加层的扩建工程必须委托有资质的设计单位进行设计,并由有资质的施工单位承建。"简言之,农民自建楼在两层以上或者建筑面积在300平方米以上的,需要委托有资质的单位进行施工建造,如果合作方没有施工建造资质的,双方委托建房的合同因违反法律法规禁止性规定而无效。如果农民自建楼在两层以下或者建筑面积在300平方米以下,对施工建造方资质无强制性要求的,一般而言委托建房合同有效。

双方委托建房的合同无效的法律后果如何呢?

《民法典》第793条第1款规定:"建设工程施工合同无效,但是建设工程经验收合格的,可以参照合同关于工程价款的约定折价补偿承包人。"另外根据最高人民法院《关于审理建设工程施工合同纠纷案件适用法律问题的解释(一)》(法释〔2020〕25号)第6条第1款的规定,建设工程施工合同无效,一方当事人请求对方赔偿损失的,应当就对方过错、损失大小、过错与损失之间的因果关系承担举证责任。简言之，虽然合同无效，但是所建造楼房验收合格的，建造方仍然有权要求村民补偿工程价款，如果双方有损失的，按照过错大小承担相应的责任。

综上所述，与村民合作自建楼房的合同效力需要分情况判断，如果合作建房合同涉嫌转让集体土地的，那么该合同无效；如果所建楼房需要专业的施工资质，而合作方没有的，合同依旧无效。因此，与村民合作建房法律风险较高，如果要开展合作必须慎之又慎，否则会遭受不必要的损失。

住房、租房篇

为了自家安全安装摄像头，
会侵犯邻居隐私权吗？

生活中，不少家庭为了自身家庭安全在家门口安装摄像头。这类摄像头不仅拍摄范围广，而且清晰度极高，使用者可以在手机上同步监控家门口情况。安装摄像头虽然保护了自己的安全，但是邻居的出入情况也被尽收眼底，会给邻居带来困扰。不少因为安装摄像头侵犯隐私权的纠纷闹上了法庭，下面笔者将通过案例来阐述邻居间隐私权的法律问题。

基本案情[1]

李某和钟某是同一楼层的邻居，双方出入自家房屋时，都需要经过一段公共走廊，李某还必须通过钟某的房屋门前。

2020年11月，钟某在其房门口右侧（面对门的方向）安装了一个摄像头（可视门铃），该摄像头的摄制范围包括钟某门前及部分公共走廊，李某出入和经过时的情景会被摄录。李某发现后多次找钟某协商，要求拆除，但钟某未予理会。

2021年7月，李某向小区物业管理处及深圳市坪山区住房保障中心等处投诉，物业管理处会同辖区民警上门对钟某安装摄像头的情况进行现场核查。后来，钟某将摄像头调整至门口过道上方的天花板上。李某对此存

---

[1] 参见广东省深圳市坪山区人民法院民事判决书，(2021)粤0310民初6378号。

在异议,认为钟某没有按调解内容执行(未将摄像头安装于防盗门内侧)。李某多次用口香糖将摄像头遮住,钟某发现后多次报警,李某要求拆除摄像头亦多次报警。2021年10月4日、7日,钟某主动拆除了上述摄像头及内门可视门铃。钟某于2021年11月又安装了第三个摄像头,装在自家门框的横梁上。

双方因摄像头事宜发生争议诉至法院。李某要求钟某:(1)对用摄像头侵犯其隐私的行为向本人道歉;(2)拆除监控范围在公共区域的摄像头,删除有李某的录像;(3)赔偿精神损失2000元。

法院判决

本案经过法院审理,判决钟某删除摄像头内关于李某行踪的录像内容。

法院认为,《民法典》第288条规定,"不动产的相邻权利人应当按照有利生产、方便生活、团结互助、公平合理的原则,正确处理相邻关系"。第1034条第1款规定,"自然人的个人信息受法律保护"。个人行踪信息与家庭和财产安全、私人生活习惯高度关联,属于具有隐私性质的人格利益,受法律保护。

住户在安装监控摄像头以保障自身人身及财产安全时,应遵循合法、正当、必要原则,应尽可能就摄像头的安装提前与相邻方做好沟通。在摄像头的选择上,尽量选择拍摄角度固定的摄像头,合理确定摄像头的位置、高度、朝向和监控范围,谨慎避开他人的私人空间,在实现安装目的和尊重他人权利的平衡中选择最佳的安装方案,避免摄像设备拍摄、窥视到他人的私密空间,侵扰他人的生活安宁,更不可将拍摄到的涉及他人私密信息的内容对外传播,否则可能承担相应的侵权责任。

本案中,钟某确认进出自家房屋均需经过一段公共走廊,钟某起初在自家房门口安装了摄像头,因该摄像头"可视门铃+监控+猫眼"三功能合一,可以视频、拍照,再推送到手机上面,且使用超大广角拍摄,使李某进出过道均暴露于钟某的视野之中,势必会造成李某一定的心理不适。钟某虽出于自我防护安装摄像监控装置,但该装置可以完整监控李某行踪及与之来往人员等情况,记录和存储李某不愿为他人知悉的个人信息,对李某的个人居住安宁造成了侵扰,属民事侵权行为。但在法院正式立案前,钟某已自行拆除了案涉争议摄像头,侵权行为已经终止。李某再行诉请拆除该摄像头,已无事实基础,法院不予支持。但钟某未经李某同意,摄录并存储钟某个人信息的行为缺乏合法性、正当性及必要性依据,现李某要求钟某删除与其有关的录像法院予以支持。

综观本案,钟某在安装摄像头前没有征求作为相邻一方李某的意见并征得其同意,在李某发现并出面制止时,钟某依旧只顾自己的需要,缺乏必要的换位思考,未认真省察自身的"安全感"建立在邻居的不安之上,法庭对钟某予以批评指正。但李某作为相邻方,也应互谅互让,相互理解。

综合考虑本案从开始至最终成讼过程中钟某与李某的沟通协商及所作行为的情况,法庭认为双方均缺乏必要的理性、克制和谦让,故法庭对李某要求钟某赔礼道歉及赔偿精神损失的诉请不予支持。关于庭审时,李某提出钟某于2021年11月又在内门的门框的横梁上安装了第三个摄像头,法院认为,该摄像头非本案诉争的对象,且该摄像头安装在钟某外防盗门与内木门之间,摄录范围有限,对李某出行的影响微乎其微,钟某为保护自身及财产安全安装该摄像头并非没有任何意义,李某应当给予一定程度的包容。法院最终判决钟某删除存储于其已拆除摄像头内关于李某行踪的录像内容。

案例评析

本案是非常常见的邻里纠纷,如何在保护自己的合法权益和尊重他人隐私之间找到平衡点是处理众多邻里纠纷的关键。笔者通过以下几个问题,从法律角度解析这些隐私权纠纷应当如何处理。

一、什么是公民个人隐私?

隐私是公民不愿为他人知悉或公开的私人信息、活动和习惯等人格利益。公民的私人生活安宁与私人信息秘密依法受到保护,不允许他人非法获悉、收集、利用和侵扰。在无锡法院2020年度十大典型案例之一张某诉吴某相邻损害关系案中,无锡市梁溪区人民法院在判决中这样写道:"公民在住宅内的活动是否被非法知悉或侵扰直接影响着公民的私人生活安宁,公民在住宅内的活动不受窥视是隐私权保护的应有之义;而公民进出住宅的信息与家庭和财产安全、私人生活习惯等高度关联,也应视为具有隐私性质的人格利益。"因此公民进出住宅的信息是公民个人隐私的一种类型,受法律保护,他人不得侵犯。

二、安装摄像头是否会侵害他人的隐私?

我国法律虽未明确禁止公民安装监控摄像装置,但安装监控摄像装置有可能涉及公共利益、他人隐私等个人合法权益,当事人在安装前应当尽到注意义务,选择合理的安装方式以减少对他人的影响。多数人安装摄像头的动机都是保证住宅安全,避免自身合法权益遭受不法侵犯,但是这个保护的范围应当受到限制,个人权利不得无限扩张越过边界侵害他人的合法权利。如果摄像头安装监控范围仅限于自己家门口,不会监控到邻居家门口的人员出入情况,那么该监控范围就是合理的。

在审理隐私权纠纷过程中,必要时法院会进行现场勘查,调查摄像头安装的位置、摄像头监控的范围以及邻里之间公共区域情况,以此来判断所安装的摄像头是否会侵害他人权益。在江门市中级人民法院审理的案件中,被告安装的摄像头虽然监控范围是与原告住处相近的公用走廊部分,但是也可以对原告住处门口进行摄像;另外被告在厨房也安装了摄像头。经过法院现场勘查,发现被告厨房窗户与原告住宅卫生间和客厅相邻,距离非常近,被告安装的摄像头的监控范围可覆盖原告住宅门口、卫生间和客厅窗户等位置,原告进出住宅以及其在卫生间、客厅的活动存在被该监控摄像头摄入的可能。最终法院根据双方提交的证据和现场勘查情况,判决被告承担侵权责任。

安装摄像头是否侵犯他人隐私,判断的标准是该摄像头监控范围是否在合理范围内,而这个合理范围由法院结合证据、现场勘查情况以及一个普通人基于基本常识和基本伦理道德的标准来判断。

三、侵权责任如何承担？

根据《民法典》第 1167 条的规定,侵权行为危及他人人身、财产安全的,被侵权人有权请求侵权人承担停止侵害、排除妨碍、消除危险等侵权责任。在这类隐私权纠纷中,法院常见的判决结果为判令侵权人拆除摄像头。

还有的被侵权人提起诉讼时要求侵权人赔偿精神损失费,这类诉请能否获得支持呢？根据《民法典》第 1183 条第 1 款的规定,侵害自然人人身权益造成严重精神损害的,被侵权人有权请求精神损害赔偿。如果主张精神损害赔偿,一般要达到严重精神损害的程度,如果损害程度不深,甚至只是情绪上的不快,很难获得法院的支持。被侵权人主张精神损害的需要举证证明相关的医疗情况,如病历、诊断结果等,以证明侵权行为与精神损害之间有直接因果关系。

四、如果侵权人的监控设备存储了被侵权人的图像、信息,该如何处理？

如前所述,个人进出住宅的信息是公民个人隐私,应当予以法律保护。如果侵权人的监控设备存储了相关图像、信息的,侵权人应当予以删除。即便侵权人未将该图像、信息对外传播也已经构成侵权行为。未经他人的同意,保存他人的个人信息缺乏合法性、正当性及必要性依据,因此被侵权人有权要求侵权人删除相关图像、信息。这是很多被侵权人起诉时容易遗忘的一个诉请,多数被侵权人仅要求拆除摄像头,但是拆除并未完全消除侵权人侵权行为带来的后果。

五、如何收集证据维权？

邻里之间安装摄像头的情况非常常见,那又如何收集证据呢？

首先,如果发现邻居安装摄像头,且该摄像头有可能监控自己住宅时,应当第一时间通过拍照或者录像的方式将摄像头安装情况保存下来。其次,可以通过物业就有关事宜进行协调,协调的过程中可以形成书面文件,由双方签字确认,将协商过程录音录像也不失为一种证据。如果案件审理过程中，物业公司可以就此事出具情况说明，也是重要证据之一。再次，如果双方矛盾激烈，已经报警的，警察的出警记录、调查笔录、书面协商结果都可以证明双方之间争议的问题。最后，关于摄像头实际的监控范围，根据证据责任的分配，需要由被侵权人举证证明自己处于被监控的范围内。侵权人认为自己未侵权的，应当举证证明摄像头监控范围合法。一般来说，法院会根据案件情况进行实地勘查，以调查摄像头安装、监控情况。

出于保证住宅安全、保护自身安全安装摄像头无可厚非，但是一切行为都必须在合理范围之内，超过合理范围之后，合理的行为将变成非法的行为。所以大家在保护自己的同时，也不要忘记尊重和保护他人的合法权益。远亲不如近邻，一段友好和谐的邻里关系对日常生活至关重要，必要的忍让和尊重是和谐关系的基础，希望大家都和谐友好地生活。

如何保护居住权,居住权保护的边界在哪里?

我国《民法典》设立了居住权,《民事案件案由规定》也对此进行了相应的修改,增加了居住权纠纷案由和居住权合同纠纷案由。从《民法典》实施截至 2023 年 6 月 30 日,经过在"中国裁判文书网"中进行检索,居住权相关的判决有 834 个。这些案例多集中在遗产继承引发的居住权纠纷以及子女对父母房产是否享有居住权纠纷,呈现家事纠纷的特点。下面通过几个案例,笔者给读者阐释一下常见的居住权纠纷和法院的审判态度。

基本案情与法院判决

一、案例一[1]基本案情

何某玮通过其祖父何某新的遗赠和祖母杜某妹的赠与取得某房屋所有权。后何某玮的父母离婚,何某玮由其母亲伍某抚养。何某玮及其法定代理人伍某向人民法院起诉,请求判令杜某妹腾空交还其赠与的房屋,并支付租金损失。

二、案例一判决结果

法院经审理后,驳回何某玮的全部诉讼请求。

法院认为,何某玮接受遗赠、赠与取得房屋产权时年仅 4 岁,根据生活常理,何某新、杜某妹将二人的家庭重要资产全部赠与何某玮显然是基于双方

---

[1] 参见《第二批人民法院大力弘扬社会主义核心价值观典型民事案例》,载最高人民法院网 2022 年 2 月 23 日,https://www.court.gov.cn/zixun/xiangqing/346671.html。

存在祖孙关系。关于此种源于血缘关系的房屋赠与,即便双方没有明确约定赠与人有继续居住的权利,基于人民群众朴素的价值观和善良风俗考虑,在杜某妹年逾60岁且已丧偶的情况下,何某玮取得房屋所有权后不足1年即要求杜某妹迁出房屋,明显有违社会伦理和家庭道德。何某玮虽享有案涉房屋所有权,但杜某妹在该房屋内居住是基于双方存在赠与关系、祖孙关系以及长期共同生活的客观事实,如以所有权人享有的物权请求权而剥夺六旬老人的居住权益,显然有违人之常情和社会伦理,故杜某妹的居住行为不属于无权占有的侵权行为。何某玮要求杜某妹腾退房屋缺乏法律依据,不应予以支持。故法院判决驳回何某玮的全部诉讼请求。

三、案例二[1]基本案情

杨某顺系杨某洪、吴某春夫妇的儿子。杨某顺出生后一直随其父母在农村同一房屋中居住生活。杨某顺成年后,长期沉迷赌博,欠下巨额赌债。后该房屋被列入平改范围,经拆迁征收补偿后置换楼房三套。三套楼房交付后,其中一套房屋出售他人,所得款项用于帮助杨某顺偿还赌债;剩余两套一套出租给他人,一套供三人共同居住生活。后因产生家庭矛盾,杨某洪、吴某春夫妇不再允许杨某顺在二人的房屋内居住。杨某顺遂以自出生以来一直与父母在一起居住生活,双方形成事实上的共同居住关系,从而对案涉房屋享有居住权为由,将杨某洪、吴某春夫妇诉至法院,请求判决其对用于出租的房屋享有居住的权利。

四、案例二判决结果

法院经审理后,驳回杨某顺的诉讼请求。

法院认为,杨某顺成年后具有完全民事行为能力和劳动能力,应当为了自身及家庭的美好生活自力更生,而非依靠父母。杨某洪、吴某春夫妇虽为父母,但对成年子女已没有法定抚养义务。案涉房屋系夫妻共同财产,杨某洪、吴某春夫妇有权决定如何使用和处分该房屋,其他人无权干涉。杨某顺

---

[1] 参见《第二批人民法院大力弘扬社会主义核心价值观典型民事案例》,载最高人民法院网2022年2月23日,https://www.court.gov.cn/zixun/xiangqing/346671.html。

虽然自出生就与杨某洪、吴某春夫妇共同生活,但并不因此当然享有案涉房屋的居住权,无权要求继续居住在父母所有的房屋中。故法院判决驳回杨某顺的诉讼请求。

案例评析

一、何为居住权

在《民法典》出台之前,我国法律并未规定居住权制度。居住权更多为一种状态,当事人因为对房产享有所有权,所以享有居住权,或者当事人承租了房产,所以对该房产享有居住权。居住权是物权或者债权的一种衍生权能,其本身不是法定物权。《民法典》出台后,在第三分编用益物权的第十四章专门规定了居住权,从此明确了居住权是对他人住宅享有占有、使用的用益物权。居住权的设立应当采取书面形式,以明确约定居住权人的基本信息、所居住房产的基本情况以及居住权的期限等关键内容。居住权的建立本质在于保护弱势群体,特别是保护老年群体的基本生存居住的权利。

二、设立居住权制度是中国特色社会主义核心价值观的应有之义

(一)维护长辈居住权利,弥补长辈维权法律空白

在过往的实践中,经常发生长辈将房产赠与后辈后,后辈立马将长辈扫地出门的情形。在原来的法律框架下,房产权属没有再次转让给其他人时,法院多从尊老爱幼、晚辈关爱长辈等社会公序良俗这一基本原则出发,结合房产权属来源、长辈居住状况、当事人之间特定的人身关系、长辈赠与房产给晚辈的目的等因素,来保护长辈的居住权。《民法典》的出台,使居住权保护有法可依,并且居住权成为法定的用益物权,其他第三方不得侵害该权利。

《民法典》的出台也弥补了过往居住权保护的空白。根据过往的法律规定,如果发生晚辈赶走长辈的情形时,一般依据原《合同法》第192条[1]赠

---

[1] 参见《民法典》第663条。

与的法定撤销权予以解决,如果受赠人对赠与人有扶养义务而不履行的,赠与人可以撤销赠与。但是这种保护存在一定的局限性,如果后辈受让房产后,立马将房产出售转让,善意的新所有权人有权要求原来住在房产内的长辈搬离。此时,长辈无维权之余地。原来法律框架下的居住权依附于所有权,所有权丧失,居住权自然丧失。房产赠与后二次转让,长辈已经丧失了对房产的所有权,居住权也无主张的基础。此时就出现了权利保护的空白。在《民法典》的框架下,长辈可以为自己设立居住权并办理登记,此时即便房屋所有权转移,长辈仍然可以居住在内,新的所有权人不得将长辈赶出房产。这极大地保护了长辈的合法权益,让长辈可以安享晚年。而且经过登记的居住权具有公示效力,在交易过程中,买受人可以提前获知,做到"心知肚明",不至于损害买受人的权利。

案例一就是维护长辈居住权利的典型案例。祖母在将房屋赠与孙子之后,是否仍有权在该房屋继续居住?法院的裁判不仅要考虑法律的适用,还要考虑弘扬传统美德,违背情理的判决将给社会带来极大的负面影响。孙辈以享有物权请求权而剥夺六旬老人的居住权益,显然有违人之常情和社会伦理,故杜某妹的居住行为不属于无权占有的侵权行为。何某玮要求杜某妹腾退房屋缺乏法律依据,法院判决驳回何某玮的全部诉讼请求。

(二)拒绝成年子女啃老,树立健康的社会主义核心价值观

在我国子女成年之后一般会持续和父母一同居住,直至自己组建家庭,甚至有的成年子女组建家庭后仍然与父母同住。我国社会讲究儿孙绕膝,享受天伦之乐,父母也乐于与子女、子孙同住。但有些成年子女却成为父母的负担。他们不仅没有正经工作,不能自食其力,甚至沾染上恶习,将父母拖入深渊。

子女与父母同住,是父母出于对孩子的关爱。从权属而言,子女是没有房产所有权的,子女能否居住以父母是否允许为前提,子女并不当然享有房屋的居住权。父母有权决定如何使用和处分该房屋,其他人无权干涉。父母对子女的抚养义务,仅限于子女成年之前,子女成年之后,父母不再承担

抚养义务。但是当今社会中,有的成年子女理所当然地认为父母要养自己一辈子,从法律上来讲父母并无此义务。

案例二中,杨某顺的父母原本有三套房产,出售一套帮助杨某顺偿还赌债,剩余一套出租,一套三人自住,因家庭矛盾其父母不再与其同住,要求其搬离,杨某顺反将父母告上法院。杨某顺作为成年人,其父母已经没有抚养杨某顺的义务,而且父母出售了一套房产帮其还赌债,已经尽到父母对其的最大关爱。《民法典》设立居住权的目的是保护弱势群体,任何人都不得滥用居住权,也不得肆意妄为。法院驳回杨某顺的诉讼请求,正是体现了对老人占有使用房产的保护,居住权不仅是合法权利人应有的权益,也是杜绝成年子女啃老的手段之一。有房可住,老有所依,保护权利,防止权利滥用,这也是中国特色社会主义核心价值观的应有之义。

三、办理登记是设立居住权的关键

根据《民法典》第367条、第368条的规定,居住权的设立应当采用书面合同的方式,并且应当向登记机构申请登记。登记之后,居住权才正式设立,成为用益物权。登记后的居住权具有对世效力,对任何人均发生效力,且具有公示效力。如果没有登记,被赋予居住权的人只对赋予居住权的人享有债权,如要求其办理登记,或者要求按约提供相应的住所,如果房产发生转移或者出租,没有登记的居住权不得对抗新的所有权人或者承租人。因此,办理登记是设立居住权的关键。

四、发生纠纷如何实现居住权

发生纠纷如何实现居住权?在最高人民法院发布13件人民法院贯彻实施民法典典型案例(第一批)中,邱某光与董某军居住权执行案为如何保护居住权提供了一个很好的指引。

邱某光与董某峰于2006年登记结婚,双方均系再婚,婚后未生育子女,董某军系董某峰之弟。董某峰于2016年3月去世,生前写下遗嘱,其内容为:"我名下位于洪山区珞狮路某房遗赠给我弟弟董某军,在我丈夫邱某光没再婚前拥有居住权,此房是我毕生心血,不许分割、不许转让、不许卖出……"董某峰离世后,董某军等人与邱某光发生遗嘱继承纠纷并诉至法院。法院判决被继承人董某峰名下位于武汉市洪山区珞狮路某房所有权归董某军所有,邱某光在其再婚前享有该房屋的居住使用权。邱某光通过判决的方式确认了自己对涉案房产的居住权,并一直居住在内。2021年年初,邱某光发现住房被董某军挂在某房产中介出售,其担心房屋出售后自己被赶出家门,遂向法院申请居住权强制执行。生效裁判认为,案涉房屋虽为董某军所有,但是董某峰通过遗嘱方式使邱某光享有案涉房屋的居住使用权。执行法院遂依照《民法典》第368条等关于居住权的规定,裁定将董某军所有的案涉房屋的居住权登记在邱某光名下。

在这个案例中,邱某光虽然通过判决获得了居住权,但是如果有关主管部门没有对此进行登记,那么房产一旦挂牌出售,潜在的买方不可能知道房产上设立了居住权,一旦买方购买了房屋,邱某光将面临腾退房屋的困境。因此,邱某光通过向法院申请强制执行的方式,将居住权登记在自己名下。这样一方面可以保全自己居住的权利,另一方面可以抵制恶意第三方购买房产,登记的居住权具有公示效力,恶意买方不能以不知道为由要求邱某光办理房产过户。因此发生纠纷时,建议权利人通过司法途径确权,然后及时申请强制执行,将权利锁定在自己名下。

随着《民法典》的出台,会有更多居住权纠纷进入诉讼中,法律从业者及普通大众对于居住权的认识都会更加深入,有关案例也将为保护弱势群体、发扬良好社会传统产生更多示范效应。

长租公寓的出租人卷款跑路，承租人如何维护自身权益？

近年来，长租公寓作为房地产市场的新兴事物，迅速占领了租赁市场，特别是受到了应届毕业生及白领租户的欢迎。随着互联网的发展，信息获取渠道的增加，出现了一类租赁运营公司，业主把房产"长租"给租赁运营公司，租赁运营公司为迎合潜在租客的租赁需求，将房产进行升级改造，打造成各种档次的"公寓"，然后再转租给租客，这种租赁模式就叫长租公寓。

红极一时的长租公寓品牌有"蛋壳公寓""自如公寓""青客公寓""蘑菇租房"等。起初这些品牌发展劲头一时无两，纷纷上市，如2019年11月5日，青客公寓在纳斯达克成功上市；2020年1月17日，蛋壳公寓成功在美国纽交所上市。但是好景不长，2020年长租公寓纷纷暴雷。"长租公寓第一股"的青客公寓，在上市不过两年时间后便迎来了破产清算的命运。在上市1年后，2021年4月6日纽交所宣布将蛋壳公寓从纽交所摘牌。长租公寓频频暴雷，房东、租客如何维护自身权益呢？

基本案情[1]

2018年8月12日，高某（甲方）与A公司（乙方）签订的《财产委托管理服务合同》约定：甲方同意将房产独家委托给乙方，由乙方全权管理并全权代

---

[1] 参见广东省广州市中级人民法院民事判决书，(2022)粤01民终791号。

理出租。乙方独家委托代理权限包括：代理甲方出租房产并办理与承租人之间的洽商、联络事宜；代理甲方签署与房产租赁相关的任何协议、合同等文件（包括租赁合同的解除或变更协议、补充协议等）；代理甲方向承租人收取租金、押金、定金等相关费用；监督承租人按照房屋租赁合同的约定履行义务；对房产进行除主体结构和主体管道之外的装饰装修、改造。委托代理期限届满或本合同终止后，乙方应将房屋交回。甲方同意每年向乙方支付相当于本协议所约定的月租金金额作为管理费，管理费由乙方从给予甲方的房屋租金中予以扣除。同时，甲方同意向乙方支付服务费。（乙方向第三方租赁房屋的，收取的第三方租金高于本合同项下双方约定的甲方房屋租金时，甲方同意高出部分直接作为乙方的服务费，由乙方从给予甲方的房屋租金中予以扣除。）

2020年4月20日，A公司（房屋代管机构、甲方）与葛某（承租方、乙方）签订了《房屋代理租赁合同》及《房屋租赁合同服务订单》，前述两份文件载明：产权委托方（出租方）为高某，本服务订单的有效期为自2020年4月20日至2021年4月19日，房屋月租金为2260元，结算支付周期为每6个自然月。甲乙双方同意在本服务订单的有效期内，乙方每期应向甲方支付的房屋租金、服务费、维修金合计为14,664元。关于履约保证金，甲乙双方同意在本服务订单完成签订生效的当天，乙方应向甲方支付履约保证金，为房屋月租金的100%，即2260元等。

2020年10月20日，葛某通过微信转账的方式向A公司支付了2020年10月20日至2021年4月19日的租金13,560元、服务费972元、维修管理费132元。A公司自2020年12月6日开始就一直没有向高某支付租金。随后，高某要求葛某搬离涉案房产。

葛某将高某起诉至法院，要求返还租赁押金、未到期租金及违约金。

法院判决

本案经过一审、二审，法院最终驳回葛某全部诉讼请求。

法院认为，《财产委托管理服务合同》《房屋代理租赁合同》《房屋租赁合同服务订单》是合同当事人的真实意思表示,不违反法律和行政法规的强制性规定,依法成立并生效,合同当事人均应恪守履行。

关于高某与 A 公司之间是委托合同关系,还是租赁合同关系的问题,确定合同性质的主要依据是合同约定的当事人的权利义务关系,而非合同名称及合同主体称谓等形式要素。根据《民法典》的规定,委托合同是委托人和受托人约定,由受托人处理委托人事务的合同;租赁合同是出租人将租赁物交付承租人使用、收益,承租人支付租金的合同。根据《财产委托管理服务合同》的约定,高某将涉案房屋交付给 A 公司管理后,A 公司按月定额向高某支付租金,涉案房屋无法租出或租金标准低于其应向高某支付的租金的风险均由 A 公司承担,而如租金标准高于其应向高某支付的租金,则高出部分亦归于 A 公司。可见,虽然高某与 A 公司签订的《财产委托管理服务合同》的名称中含有"委托"字样,合同主体的称谓也为"委托人""受托方",但该合同实为准予转租的租赁合同。

A 公司通过租赁合同取得涉案房屋的使用权后,又将涉案房屋转租给葛某,当事人之间成立了两个相互独立的租赁合同。根据《民法典》第 465 条第 2 款的规定,合同具有相对性,仅对合同当事人具有约束力。葛某与高某不存在合同关系,葛某要求解除与高某之间的《房屋代理租赁合同》的诉讼请求系主张对象错误。葛某依据《房屋代理租赁合同》《房屋租赁合同服务订单》要求高某返还赔偿剩余的房屋租赁费用、押金、违约金等,法院不予支持。对于前述损失,葛某可另循法律途径向相关主体主张。

案例评析

市场上长租公寓的运营模式到底如何,各方之间的法律关系在本质上又是怎样的,各方应当如何维权呢?

一、市场上常见的长租公寓运营模式

长租公寓的运营模式主要分为两种,一种为租赁运营公司承租一整栋房产,将整栋房产升级改造成公寓,统一对外招租;另一种为承租多个零散业主的房产,对单个房产进行二次装修改造,然后转租给承租人。无论哪种运营方式,租赁运营公司一般均与业主签订《财产委托管理服务合同》《资产管理服务合同》《房产租赁合同》等系列合同。但是不管合同名称如何,长租公寓的核心要点在于:

(1)向业主承租房产,并支付租金;

(2)经业主同意对房产进行装修改造;

(3)经业主同意将房产进行转租;

(4)业主不干涉租赁运营公司转租方式、转租租金及其与承租人之间的关系。

二、长租公寓的本质法律关系

在法律上,对于法律关系的认定,不以合同名称及合同主体称谓等形式要素为判断标准,而是回归到双方之间权利义务是否符合法律对某种法定法律关系的规定之中。因此,虽然市场上租赁运营公司与业主之前签署的合同带有"委托""资产管理"等字眼,但是结合上述四个核心要点我们就能发现,长租公寓在本质上是租赁关系,而不是委托服务关系或者中介服务关系。租赁运营公司向业主承租房产,然后再将房产转租给次承租人获取差价或服务费。

根据《民法典》的规定,委托服务关系中,受托人应当按照委托人的指示处理委托事务,并向委托方报告委托事项的进展。在长租公寓运营过程中,租赁运营公司并非接受业主的委托招租,是否找到次承租人、次承租人有无交纳租金等事项租赁运营公司也不需要向业主汇报,所以双方之间不是委托服务关系。

双方亦非中介服务关系。根据《民法典》的规定,中介服务是中介人向委托人提供订立合同的机会或者提供订立合同的媒介服务,最典型的中介服务就是房地产买卖交易中房产中介提供的服务。长租公寓中,租赁运营公司实质介入了租赁合同关系之中,成了承租人,再将房产进行转租。这个过程中,租赁运营公司一方面向业主交租金,另一方面向次承租人收租金。

中介服务中,签订合同的是交易双方,中介一旦促成双方交易随即退出交易。因此长租公寓与中介服务存在本质上的不同。

三、长租公寓是租赁市场成熟的必经阶段

长租公寓其实是租赁市场走向成熟的一个必经阶段。原本的租赁模式是单个业主通过中介、物业或者熟人介绍的方式进行放租,承租人获取租赁信息后与业主达成租赁关系。整体上来说,这种模式经济效益较低,供方和需方存在无法对应或者找不到合适对象的问题。而且租赁的房屋多为较旧的老物业房屋,室内室外居住环境和条件都不佳,如果进行改造无论对于业主还是承租人都将面临不小的成本。随着租赁行业由粗放式发展向集约化发展,出现了专业的租赁运营公司在市场中承租房产、统一改造再二次转租的模式,这就是长租公寓。成熟的租赁运营公司,可以打通房地产行业的上下游,上有房地产公司或者业主方向其提供承租物业,下有建设施工单位或者装饰装修单位为其提供改造服务,并且租赁运营公司自有销售团队寻找需方市场,集约化的运作可以大大降低成本。而这些服务放在过去,房产中介、承租方或者出租方都是无法提供的。

在国外资本市场,长租公寓运营已经出现了房地产信托投资基金(REITs)。简单来说,投资人向租赁运营公司提供资金,租赁运营公司对目标项目进行升级改造和运营,提升目标项目的经济价值,将目标项目提升的租金或者商业运营获得的收益回馈给投资人。随着市场的不断发展,租赁市场会越来越成熟,越来越多的资本会进入租赁市场,反过来进一步促进其上升发展。

四、我国长租公寓暴雷的原因

既然长租公寓是租赁市场成熟的必经阶段,为什么我国的长租公寓会频频暴雷呢?

第一,新冠肺炎疫情是导致长租公寓暴雷的导火索。长租公寓集中暴雷的时间和新冠肺炎疫情暴发时间高度重合。新冠肺炎疫情给社会造成了极大的影响,社会经济活动受到限制,人员流动减少,对于租赁的需求自然

也随之减少。市场需求水平的高低直接影响一个项目的生死存亡。

第二,运营模式不成熟是长租公寓暴雷的根本原因。"高进低出""长收短付"是长租公寓的经营特征,简单说就是租赁运营公司向次承租人收取的租金比租赁运营公司向业主交的低,但是次承租人需要一次性支付一年的租金和押金,租赁运营公司则按月或者按季度向业主支付租金。长租公寓另一大运营特征是对房屋进行二次装修改造。租赁运营公司利用向次承租人"长收"的租金承租和改造其他物业,然后再对外转租,以此往复。这种经营模式不论是承租还是改造,都需要大量的资金投入。如果不能立马招租,或者租金收益不高,那么是远远无法覆盖前期投入的,长此以往破产暴雷也是必然趋势了。租赁运营公司能否打通上下游,最大程度降低成本,是其持续运营的关键所在。

五、面对长租公寓暴雷如何维权

如前所述长租公寓本质是租赁关系,那么维权就要回到租赁这一法律关系之中。对于业主而言,将房产出租给租赁运营公司,让渡房产的占有使用权来获取租金是根本的合同目的,如果合同目的不能实现,可以解除合同,要求租赁运营公司支付占用费,并腾空房产。租赁运营公司经业主同意可以对房屋进行装修改造,租赁期满时,业主无须补偿装饰装修费用,除非合同另有约定。租赁运营公司不得擅自变动房产建筑主体和承重或扩建,否则业主可以要求恢复原状,也可以要求解除合同并赔偿损失。一般在长租公寓运营模式下,业主方与次承租人不签署合同,不存在合同关系,次承租人占用房产的,业主可以基于物权保护要求次承租人腾退房产,并支付占有使用费。

对于次承租人而言,获得稳定的居住物业是根本的合同目的,如果租赁运营公司跑路,鉴于合同相对性原则,次承租人只能向租赁运营公司主张权利,一般可以主张违约金、返还未到期租金及押金,但是应当向业主腾退房产。例如,在本案中,次承租人葛某与业主高某不存在合同关系,葛某因A公司跑路,向高某主张权益系主张对象错误,只能另循法律途径向A公司主张损失。如果租赁运营公司跑路甚至破产，次承租人确实存在损失无法追讨的困境。

综合来看，长租公寓暴雷事件中，最终受害者是次承租人，如何选择租赁运营公司将成为规避风险的关键。首先建议租客与运营规范的公司签署合同。其次建议租客了解清楚租赁房产的基本情况，对于转租的，应当获得业主的同意。最后建议租客慎重选择长租公寓模式，长租公寓模式对于租客来说最大的风险在于租金给了中间的租赁运营公司，却与业主无任何合同关系，一旦租赁运营公司跑路，维权便会产生困难。在长租公寓普遍不成熟的市场下，建议租客尽可能与业主直接建立租赁关系。

承租老旧物业做酒店,租赁合同竟无效?

深圳有很多20世纪八九十年代的旧物业,由于年久失修建筑物外观和内部都存在一些问题,导致租金价格远低于市场价格。

有的物业业主自己没有对建筑物改造翻新的经验和能力,便将此类物业整栋打包出租给一些酒店或者公寓管理公司,交由这些企业承租并对物业进行改造,改造的费用由承租人承担。改造之后承租人再以较高的租金转租给其他人使用或自行运营。这类物业不乏一些承重结构出现问题的危楼,承租这类物业进行经营改造有何风险,本文将通过案例来一一分析。

基本案情[1]

2011年7月27日,A酒店通过公开招标的方式中标获得租赁某物资供应站所有的办公大楼的权利,并向物资供应站出具《承诺书》,承诺中标以后严格按照加固设计单位和建设工程安全质量监督管理局等权威部门出具的加固改造方案,对办公大楼进行科学、安全地加固,并在取得具有法律效力的书面文件后,再使用该大楼。

同年8月29日,A酒店与某物资供应站签订《租赁合同》,合同约定:物资供应站将办公楼4120平方米建筑出租给A酒店,用于经营商务宾馆。租赁期限为15年,自2011年9月1日起至2026年8月31日止。除约定租金

---

[1] 参见中华人民共和国最高人民法院民事判决书,(2019)最高法民再97号。

和其他费用标准、支付方式、违约赔偿责任之外,还在第 5 条特别约定:(1)租赁物经有关部门鉴定为危楼,需加固后方能使用。A 酒店对租赁物的前述问题及瑕疵已充分了解。A 酒店承诺对租赁物进行加固,确保租赁物达到商业房产使用标准,A 酒店承担全部费用。(2)加固工程方案的报批、建设、验收均由 A 酒店负责,某物资供应站根据需要提供协助。(3)A 酒店如未经加固合格即擅自使用租赁物,应承担全部责任。合同签订后,某物资供应站依照约定交付了租赁房屋。A 酒店向某物资供应站给付 20 万元履约保证金,1000 万元投标保证金。中标后某物资供应站退还了 800 万元投标保证金。2011 年 10 月 26 日,A 酒店与某加固技术工程有限公司签订加固改造工程《协议书》,改造范围主要有承重柱、墙、梁板结构、电梯、热泵及图纸载明的其他改造内容。2012 年 1 月 3 日,在加固施工过程中,案涉建筑物大部分垮塌。

省建设业安全生产监督管理站于 2007 年 6 月 18 日出具《房屋安全鉴定意见》,鉴定结果和建议是:(1)该大楼主要结构受力构件设计与施工均不能满足现行国家设计和施工规范的要求,其强度不能满足上部结构承载力的要求,存在较严重的结构隐患。(2)该大楼未进行抗震设计,没有抗震构造措施,不符合《建筑抗震设计规范》(GB 50011—2001)的要求,遇有地震或其他意外情况将造成重大安全事故。(3)根据《危险房屋鉴定标准》(GB 50292—1999),该大楼按房屋危险性等级划分,属 D 级危房,应予以拆除。(4)建议:①应立即对大楼进行减载,减少结构上的荷载。②对有问题的结构构件进行加固处理。③目前应对大楼加强观察,并应采取措施,确保大楼安全过渡至拆除。如发现有异常现象,应立即撤出大楼的全部人员,并向有关部门报告。④建议尽快拆除全部结构。

事故发生后,A 酒店起诉要求:(1)解除《租赁合同》;(2)某物资供应站返还其保证金 220 万元;(3)某物资供应站赔偿其各项经济损失共计 281 万元。某物资供应站向一审法院提出反诉诉请,要求判令 A 酒店承担侵权责任,赔偿其 2463.5 万元。

法院判决

本案经过一审、二审和再审,法院最终判决租赁合同无效,某物资供应站退还 A 酒店租赁保证金 220 万元,A 酒店和物资供应站各自承担相应损失。

法院认为,本案中,有权鉴定机构已经明确案涉房屋应予拆除,并建议尽快拆除该危房的全部结构。因此,案涉危房并不具有在加固后继续使用的情形。《商品房屋租赁管理办法》第 6 条规定,不符合安全、防灾等工程建设强制性标准的房屋不得出租。《商品房屋租赁管理办法》虽在效力等级上属部门规章,但是该办法第 6 条规定体现的是对社会公共安全的保护以及对公序良俗的维护。

结合本案事实,在案涉房屋已被确定属于存在严重结构隐患、将造成重大安全事故、应当尽快拆除的 D 级危房的情形下,双方当事人仍签订《租赁合同》,约定将该房屋出租,用于经营可能危及不特定公众人身及财产安全的商务酒店,明显损害了社会公共利益,违背了公序良俗。

从维护公共安全及确立正确的社会价值导向的角度出发,对本案情形中合同效力的认定应从严把握,司法不应支持、鼓励这种为追求经济利益而忽视公共安全的危害社会公共利益和公序良俗的行为。故法院依照违背公序良俗的民事法律行为无效的规定,确认《租赁合同》无效。合同无效后,双方都有过错的,应当各自承担相应的责任,A 酒店和某物资供应站自行承担各自的损失。关于 A 酒店向某物资供应站支付的 220 万元保证金,因《租赁合同》系无效合同,某物资供应站基于该合同取得的该款项依法应当退还给 A 酒店。

案例评析

一、谨慎选择改造物业

深圳市面上有很多老旧物业,有的老旧物业甚至是危楼,存在比较大的安全隐患。这类物业租金非常便宜,很多承租人企图以低价加以改造,来博一个高租金回报。如果有这样的商业安排,建议务必在承租之前,让出租人提供该物业的鉴定报告,以确定有关物业的安全质量。酒店改造的特殊性在于需要修墙分隔出很多单间,增加墙体会增加楼板承重压力,如果物业承重结构本身已经存在隐患,那么在改造过程中一定会有安全问题,一旦发生安全事故,后果不堪设想。回到承租合同本身,一旦承租了危楼,有关租赁合同也将面临无效的风险。因此,承租人一定要重视对建筑物的鉴定,千万不要稀里糊涂承租了危楼。

二、承租改造务必经过业主/出租人同意

从实操角度来说,如果对物业进行改造,需要向街道及有关主管部门报备,相关报备及验收需业主配合,所以想要改造物业务必要经过业主同意。

从法律角度来说,改造是否经过业主同意,所产生的法律效果也截然不同。根据最高人民法院《关于审理城镇房屋租赁合同纠纷案件具体应用法律若干问题的解释》,承租人擅自变动房屋建筑主体和承重结构或者扩建,有关改建扩建的费用由其自行承担,出租人还有权要求恢复原状,未能恢复原状的,出租人有权解除合同并要求赔偿损失。因此,想要改造物业,建议在承租洽谈之初,各方就应当开诚布公地商谈。

三、一旦租赁合同被认定为无效可能产生的后果

如前文的分析,若承租危楼有关租赁合同将面临被认定为无效的风险。出租方如果忽视公共安全隐患,将存在严重结构隐患或将存在重大安全事故的危房出租,用于经营商务酒店,建筑物倒塌或者产生其他损失的,出租人要承担责任。承租人则有义务对租赁房屋的状况进行审查,特别是在已知房屋是危房的情形下,更有义务对该房屋是否应立即拆除以及能否继续使用等情况进行核查。如果承租人未尽到合理注意义务而签订租赁合同,并欲将租赁房屋用于经营可能危及不特定公众人身及财产安全的商务酒店,也应承担相应责任,合同无效造成的损失(如改建投入的成本)由其自行承担。特别需要注意的是,如果房屋倒塌发生重大安全事故的,各方还可能

需要承担相应的刑事责任。

四、承租改造需考虑城市更新因素

城市更新是深圳不可逆转的趋势,在寻找改造物业的时候需要考虑城市更新因素,结合承租期限、承租租金及拆迁赔偿方案等综合测算改造投入。实践中,如果发生城市更新,一般对承租人赔偿的项目有搬迁补偿、临时安置过渡费、装修损失、停产停业损失。其中,装修损失的赔偿标准根据法律规定,按照装饰装修残值计算。因此,如果对一个即将开展城市更新的物业进行大规模改造,极有可能收不回成本。同时,双方在洽谈租赁合同时,可以明确约定城市更新发生时承租人可获得的赔偿项目及赔偿标准,以免未来产生不必要的争议。

租赁的物业无产证,装修损失谁承担?

随着改革开放的春风吹满大地,大大小小的工厂如雨后春笋般涌现出来,深圳这个小渔村也随之朝着工业化和现代化迈进。与其他地区不同的是,深圳的土地曾经历集体土地转国有土地,其间留下很多历史遗留问题,不少房产没有办理产权证。而不少企业、工厂租赁的物业是存在历史遗留问题的无产证地块,当遇到这种情况时,承租人的装修损失由谁来承担呢?

基本案情[1]

2016年1月1日A公司与黄某某签订《租赁合同》,约定黄某某将位于深圳市龙岗区××街道×社区×××路××号(进厂门右手边3楼整层)和宿舍4间租赁给A公司,面积共计2140平方米;租赁物功能为办公室、展厅及仓库,租赁期限为3年,自2016年1月1日起至2018年12月30日止。合同还约定免租期为2016年1月1日到4月20日,免租期届满后次日开始计收租金;租金为每平方米12元,每月租金共计25,680元,租金每两年按照8%的金额递增一次,从2018年1月1日起按每平方米12.96元计算,租金1月5日前交清,租赁保证金为51,360元,A公司每月分摊保安费和卫生费共计1000元。租赁期满或合同提前终止时,A公司应将租赁物清扫干净,搬迁完毕,并将租赁物交还给黄某某。

---

[1] 参见广东省深圳市中级人民法院民事判决书,(2020)粤03民终3936号。

经黄某某同意后,租赁期限届满前2个月A公司与黄某某将就有关租赁事项重新签订租赁合同;到期后如果无拆迁事项,在A公司同意的情况下,黄某某无条件在此合同基础上续签,双方重新签订合同。

2018年8月16日,黄某某通过其儿子黄某钊以发微信的形式给A公司去函,告知A公司涉案房产已出租给案外人,如A公司有意续租,可以和案外人协商相关出租条件。2018年8月23日,A公司回函称愿意按原合同的出租条件继续承租涉案房产。根据黄某某提交的证据,黄某某儿子黄某钊与案外人B公司于2018年9月10日签订《厂房租赁合同》,将包含涉案房产在内的房产出租给案外人使用,租赁期限为10年。

A公司向一审法院起诉请求:(1)判令黄某某向A公司支付装修费、搬迁费及其他损失合计1,125,600元;(2)本案诉讼费用由黄某某承担。

黄某某向一审法院反诉请求:(1)判令A公司支付黄某某拖欠的水电费4728元。(2)判令A公司拆除装修,恢复原状;拆除及恢复费用由A公司承担。(3)判令A公司将租赁物业移交给黄某某。(4)判令A公司支付黄某某2018年12月20日至31日的租金10,169.28元。(5)判令A公司支付黄某某2019年1月1日起至装修拆除后将房屋移交给黄某某之日止的房屋占有使用费(房屋占有使用费按每月25,272元计算),暂计75,816元。(6)判令A公司承担全部诉讼费。在一审庭审中,黄某某增加一项反诉请求:请求确认A公司与黄某某于2016年1月1日签订的《租赁合同》无效。

法院查明,涉案房产未取得建设工程规划许可证及房产证,2009年12月16日已由黄某某儿子黄某学、黄某钊共同申报历史遗留问题建筑。

根据A公司的申请,一审法院依法委托鉴定机构对涉案房产的装修价值进行评估,并作出深国房资评字〔2019〕第×××号资产评估报告书,评估结果是涉案房产的装修价值为305,192元,排除可拆卸的财产外(可拆卸部分财产已在评估报告中标注),还有装修价值270,271.84元。

法院判决

经过一审、二审，法院最终判决：(1)确认 A 公司与黄某某于 2016 年 1 月 1 日签订的《租赁合同》无效；(2)黄某某于本判决生效之日起 5 日内支付 A 公司装修费合计 135,135.92 元；(3) A 公司于本判决生效之日起 5 日内支付黄某某自 2018 年 12 月 21 日至 2019 年 1 月 10 日的房屋占有使用费合计 17,690.4 元；(4)驳回 A 公司的其他诉讼请求；(5)驳回黄某某的其他反诉请求。

法院认为，黄某某明知涉案厂房未取得建设工程规划许可证，仍与 A 公司签订租赁合同，其行为给市场经济活动造成了一定程度的混乱，主观上存在一定的过错。并且根据双方签订的租赁合同第 1 条第 2 款，其载明 A 公司租赁厂房的用途为办公室、展厅及仓库，根据日常经验法则，可以认定黄某某在合同磋商期间、签订时有足够多的机会认识到 A 公司需要对租赁物进行一定程度的装修，因此黄某某称其直到 2019 年 1 月 5 日方得知 A 公司有对租赁物进行装修的说法没有合理依据，法院不予采信。对于 A 公司来说，其在未明确涉案厂房权属及性质的情况下，仅凭与黄某某的接触和交流即与黄某某签订合同，缺乏应有的理性人审查义务，其对涉案无效合同的签订同样存在过错。因反诉人在反诉中已要求 A 公司将涉案房产恢复原状，视为黄某某不同意利用 A 公司的装修，但根据司法解释的规定，A 公司可以将未形成附合的装修装饰物拆除，对于未拆除的部分，由双方按照过错分担现值损失。

关于黄某某主张合同已到期，无须支付装修损失的问题，根据双方签订的《租赁合同》，双方对续签合同的条款存在冲突及歧义，均坚持对己方有利的条款内容及解释，法院亦无法通过合同全文确定双方关于续签合同的真实意思，因此，应采信对合同提供方不利的解释。根据该合同的内容，可以认定合同提供方为出租方，即本案黄某某，因此，一审法院采信 A 公司的观点，即合同到期后如果无拆迁事宜，在 A 公司同意的情况下，黄某某应无条件在原合同约定的租金标准基础上续签合同。而黄某某在 A 公司同意续签租赁合同的情况下将涉案厂房出租给案外第三人,违反了合同约定,存在过错,故法院支持在深国房资评字〔2019〕第×××号资产评估报告书的基础上,排除可拆卸部分财产,按照 270,271.84 元的标准,双方各自分摊一半的费用,即一审法院部分支持 A 公司要求黄某某支付装修费的诉请,最后该金额合计 135,135.92 元(270,271.84 元的 50%)。

对于 A 公司主张的搬迁费 24,000 元,其支付方式为现金支付,A 公司并未提交相应的收据或发票,并且法院认为,A 公司的搬迁费属于企业正常的、必要的开支,无论合同效力、合同双方履约情况如何,该笔开支均是不可避免的,并且其数额还可能会随着经济发展水平的提升而提高,故法院对 A 公司主张的搬迁费不予支持。对于 A 公司诉请的家具变卖差价、搬离租赁仓库所花费用及租金的差价,以及 A 公司未开展经营期间的损失,亦是同理。故法院对 A 公司主张的搬迁费及其他损失不予支持。

关于黄某某主张的由 A 公司拆除装修、承担拆除及恢复费用的问题,如前所述,A 公司的装修行为经过了黄某某同意,至少其是默许的,不构成对涉案房产的侵权,因此根据《城镇房屋租赁司法解释》,法院对黄某某的该项主张不予支持。但根据相关司法解释,未形成附合的装饰装修物,A 公司可自行拆除,因拆除造成房屋毁损的,黄某某可另案要求 A 公司恢复原状。

案例评析

本案涉及司法实践中两个常见的法律争议问题:(1)租赁合同效力问题;(2)租赁合同无效时损失分摊问题。深圳地区存在诸多村属工业用地,多数存在历史遗留问题,没有相应的产权证明等,这些物业的租赁基本绕不开以上问题。

一、什么样的租赁合同才是合法有效的?

根据最高人民法院《关于审理城镇房屋租赁合同纠纷案件具体应用法律若干问题的解释》第 2 条的规定,如果在一审法庭辩论终结前租赁的物业未取得建设工程规划许可证或者未按照建设工程规划许可证的规定建设,租赁合同无效。根据最高人民法院《关于审理城镇房屋租赁合同纠纷案件具体应用法律若干问题的解释》第3条的规定,如果在一审法庭辩论终结前租赁物业是未经批准或者未按照批准内容建设的临时建筑,租赁合同无效。

根据上述规定,我们可以这样理解:在一份合法有效的租赁合同中,租赁物业至少应当取得建设工程规划许可证,并按照有关规划建设,同时租赁物业也不能是临时建筑。

在本案中,法院查明,涉案房产未取得建设工程规划许可证及房产证,2009年12月16日已由黄某某儿子黄某学、黄某钊共同申报历史遗留问题建筑。据此可以判断涉案租赁合同是无效合同。那么申报历史遗留问题之后,能改变租赁合同的性质吗?这里需要进一步解释什么是历史遗留问题申报。

深圳经济特区于1980年8月正式成立,设立特区之初,深圳只是一个小渔村,土地多数为村民所有,性质上为集体土地。为了加快深圳的城镇化,1992年11月11日,深圳市根据民政部《关于广东省撤销宝安县设立深圳市宝安区、龙岗区的批复》(民行批〔1992〕140号)撤销宝安县,设立宝安区和龙岗区。1993年7月14日,深圳市人民政府出台《深圳市宝安、龙岗区规划、国土管理暂行办法》(深府〔1993〕283号),规定宝安区和龙岗区辖区范围为城市规划区,对城市规划区范围内的集体土地予以征用,土地性质由集体土地转为国有土地,用地单位或个人向有关机构申领房地产权证。

但是集体土地转国有土地的过程并不顺畅,2002年至2009年深圳政府多次出台相关政策,如《深圳经济特区处理历史遗留违法私房若干规定》、中共深圳市委和深圳市人民政府《关于加快宝安龙岗两区城市化进程的意见》、深圳市人民代表大会常务委员会《关于农村城市化历史遗留违法建筑的处理决定》等,鼓励原村民申报历史遗留问题,处理过往搭建的私房。如果符合条件的,核发房地产证,土地性质为国有,记载为非市场商品房地产;对于不符合条件的,则无法核发产权证书,其房产从法律角度来说为违法建筑。

本案的租赁物业为集体土地转国有土地中产生的历史遗留产物,业主黄某某的儿子曾经申报了历史遗留问题建筑,但是未获得相关部门审批,也未获得相关产权证,即便物业可以正常使用,该物业仍然是违法建筑。承租此类物业相关的租赁合同基本为无效合同。

二、租赁合同无效,损失如何分摊?

租赁合同无效时,一般会产生装修损失、占用费、恢复原状费用等。由于租赁合同无效,A公司的装修投入如何分摊呢?在本案中,在磋商租赁时,黄某某知道A公司租赁物业将用于规划办公室、展厅及仓库,黄某某未对租赁用途提出异议,说明黄某某知道A公司将进行装修,且A公司已经实际租赁物业多年,黄某某实际上也默许了A公司的装修行为。这些均说明黄某某同意A公司对承租物业进行装修改造。根据最高人民法院《关于审理城镇房屋租赁合同纠纷案件具体应用法律若干问题的解释》第7条的规定,如果出租人同意装修,租赁合同无效,同时装饰装修物没有附合在承租物业上,承租人可以拆除搬走,但是不得损毁租赁物业,否则应当恢复原状;对于附合在承租物业上无法搬走的装饰装修物,双方各自按照导致合同无效的过错分担现值损失。法院考虑到双方对于合同无效均有过错,于是按照五五开的比例,判令黄某某对现存装修价值承担50%的赔偿责任。

关于占用费问题,鉴于租赁合同无效,那么双方间的约定均归于无效。但是A公司实际占用了黄某某的物业,根据最高人民法院《关于审理城镇房屋租赁合同纠纷案件具体应用法律若干问题的解释》第4条的规定,可以参照约定的租金价格计算占用费。另外,租赁合同无效,合同约定的租赁期限也无效,案涉房屋在A公司搬离之前将一直处于被占用的状态,占用费按天计算。

如果租赁合同有效,出租人同意承租人装饰装修,当合同期满时,出租人不再补偿承租人装饰装修费用,因为承租人在租赁期内已经完全充分使用了装饰装修物的价值,不存在损失。承租人的装饰装修体现了个人喜好,并不是所有装饰装修对于出租人均是有用的,如果要求出租人补偿装饰装修费用,对于出租人而言是强迫收益,不符合公平原则,因此出租人不需要对附合的装饰装修进行补偿。

本案中,黄某某以合同到期为由,抗辩 A 公司的装饰装修物无须补偿。法院从理解合同意思表示这个角度认为,租赁合同是黄某某提供的,应当从不利于黄某某的角度进行解释,即因为 A 公司同意续租,所以双方间租赁合同延续。因此,黄某某以租赁合同到期无须补偿装饰装修费用的主张不成立。但是,笔者认为,既然双方间租赁合同无效,那么租赁合同约定的租期条款也自始无效,不存在到期问题,实质上案涉房屋一直处于被 A 公司占用的状态。此种情况下,直接适用最高人民法院《关于审理城镇房屋租赁合同纠纷案件具体应用法律若干问题的解释》第 7 条的规定,由租赁双方按过错承担装修损失,无须再对根据法律规定无效合同中的租期条款进行理解与说明。

三、发生拆迁时,装饰装修物如何补偿?

物业拆迁需要区分几种情况,如政府征收、棚户区改造、城市更新。对于政府征收,深圳市人民政府专门出台了《深圳市房屋征收与补偿实施办法(试行)》,根据该办法,关于被征收房屋室内装饰装修费先协商确定,如果不能协商的,按照评估确定的重置成新价给予补偿。评估机构由深圳市规划国土部门按照房地产价格评估机构的资质等级、评估业绩、信用档案、评估技术水平及人员结构等情况进行公开选取。一般装饰装修补偿支付给出租人,再由出租人支付给承租人。

对于棚户区改造,深圳市各区根据广东省人民政府《关于加快棚户区改造工作的实施意见》、深圳市人民政府《关于加强棚户区改造工作的实施意见》和《深圳市房屋征收与补偿实施办法(试行)》制定了棚户区改造实施办法,具体到各区各项目,有关部门会根据评估价格确定统一的装修补偿费标准,按照统一的标准补偿给各被拆迁人,相关补偿标准会在各改造项目中公示。

对于城市更新,由于是市场主体参与的拆迁补偿,补偿的标准和方法相对灵活。城市更新实施主体会参考《深圳市房屋征收与补偿实施办法(试行)》，结合项目实际情况确定装饰装修物补偿标准。如果承租人和出租人无争议的，城市更新实施主体可以直接与承租人签订拆迁补偿协议，并直接将装饰装修费用赔付给承租人。对于可能存在争议的，实施主体倾向于将补偿支付给出租人，由出租人自行厘清与承租人之间的关系。城市更新与其他拆迁不同的是，不少被城市更新的物业属于无产权证的违法建筑。城市更新除了更新城市样貌和环境，其中还有一个重要的作用是一揽子处理深圳集体土地转国有土地中的历史遗留问题，这是城市更新的特殊之处。因此在拆迁补偿中，有的项目直接忽略租赁合同是否有效的问题，对于有产权证的房产和无产权证的房产的装饰装修物补偿按照统一标准执行。在有的项目中，城市更新实施主体还会向承租人支付经营损失费用，以期通过增加补偿来减少各方摩擦，使承租人尽快搬离，加快项目推进。在本案中，A公司向黄某某主张经营损失，未获得法院支持。在司法实践中，一般只补偿承租人的直接损失，如装饰装修费用，对于经营损失这类间接损失基本不予补偿，因为经营所得与经营者的经营能力、市场风险、政策风险有关，无法明确估算经营所得，所以经营损失一般不予补偿。但是城市更新中，实施主体通常会考虑到被拆迁人的经营情况，适当给予补偿。

　　深圳近些年城市更新和棚户区改造进行得如火如荼，法院受理相关租赁纠纷案件的数量也逐年增长。相关案件的争议焦点不外乎合同效力和装饰装修损失补偿问题。同样是拆迁，在不同情况下的拆迁补偿可能不尽相同。笔者也建议在签署租赁合同的时候，特别是租赁办公场地、厂房等需要投入大量成本进行装修改造的，务必对发生拆迁补偿时的装饰装修赔偿问题、机器设备搬迁问题进行约定，以免发生不必要的纠纷。在租赁村属工业用地时，要特别审查物业产权情况和相关资质证书，对物业合法性问题也需要仔细审查。

出租人出售房产侵害承租人优先购买权,如何赔偿?

承租过程中,遇到出租人出售租赁物业是很常见的情形。根据《民法典》第726条的规定,出租人出卖租赁房屋的,应当在出卖之前的合理期限内通知承租人,承租人享有以同等条件优先购买的权利。但是,实践中,由于租赁双方对法律认知程度不一,时常就承租人的优先购买权发生争议。本文就侵害优先购买权赔偿事宜以司法案例浅析一二。

基本案情[1]

上海市杨浦区国顺路某弄1~4号、20~21号、22号等房屋权利人登记为中国人民解放军原南京军区某上海办事处与被告B公司,二者按份共有,被告享有65%,中国人民解放军原南京军区某上海办事处享有35%。上述产权登记册附记包含系争商铺。根据产权共有人之间约定的《分配明细表》,系争商铺属被告所有的65%部分。2008年3月,原、被告签订《上海市房屋租赁合同》,约定被告将系争商铺326.01平方米出租给原告A公司办公使用,租赁期限自2008年3月8日起至2013年3月8日止;月租金为21,816元,租金3年内不变,第4年起双方可协商对租金进行调整,有关调

---

[1] 参见《上海某教育科技有限公司诉上海某房地产开发有限公司房屋租赁合同纠纷案》,载《人民法院案例选》2012年第4辑(总第82辑),人民法院出版社2012年版。

整事宜由双方在补充条款中约定；支付租金方式为支票或转账，被告出具正规发票；保证金为21,816元；合同第8条第4项约定，在租赁期内，被告如需出售该房屋，应提前3个月通知原告，原告在同等条件下有优先购买权。

2009年5月11日，被告与第三人签订《备忘录》，内容主要为："第三人以总价26584308元购买系争商铺及政本路商铺，由于第三人资金原因，先支付5150958元与被告签订《上海市商品房出售合同》，并支付120万元定金。另政本路115－117号商场在九个月内以每平方15000元价格再与被告签订《上海市商品房出售合同》。若第三人在九个月内未与被告签订《上海市商品房出售合同》，则120万元定金没收。"

2009年5月13日，被告与第三人就系争商铺签订《上海市商品房出售合同》，约定"合同单价15800元，总价5150958元；在合同附件一'付款时间和付款方式'中仅约定，付款方式：一次性付款，不贷款；第三人于2009年5月13日与被告签约，并付首付款100万元"。为证明《备忘录》履行情况，被告提交银行转账支付证明若干，认可第三人为购买两处商铺已支付约1280万元，同时表示由于本案存在诉讼争议，被告与第三人尚未就政本路商铺签订房屋买卖合同，政本路商铺1～3层商场产权仍属被告。

2009年5月19日，第三人登记成为系争商铺产权人。诉讼中，中国人民解放军原南京军区某上海办事处向法院表示作为系争房屋共有人，放弃主张优先购买权。

审理中，为证明被告已履行口头通知的义务，被告提交其工作人员书面证词，该工作人员表示其曾在2009年3月至4月询问原告是否有意购买系争商铺，但原告工作人员答复不愿购买，故随后被告将系争商铺出售给第三人。2009年5月底被告工作人员向原告催收2009年6月1日至8月30日租金时，原告工作人员要求开具第三人的个人发票，随后被告工作人员找中介开出了第三人抬头的租金发票交给原告工作人员，但两周后原告工作人员称财务不能做个人发票的账。此后三方为发票事宜专门召开了协调会。被告同时认为，协调会是三方商讨发票事宜的具体解决方法，也证明原告当时未对系争商铺提出优先购买权,认可系争商铺出售的事实。对此,原告否认被告曾经口头通知系争商铺出售事宜,认为不能仅凭被告公司工作人员个人口述便作为依据;2009年7月召开协调会是因为被告要求原告向第三人支付租金,至此被告才告知原告将系争商铺出售给第三人,原告事先并不知晓。第三人认为开协调会时向原告明确了商铺转让条件和价格,原告明确不买,故原告已经放弃优先购买权,不存在损失。现原告认为被告未按租赁合同约定,提前3个月征询其对系争商铺的买受意见,构成违约,故诉至法院。

法院判决

法院判决被告B公司应于本判决生效之日起10日内赔偿原告A公司经济损失652,020元。

法院对被告侵犯原告优先购买权后应以何种标准衡量原告的损失分析如下:

确定损失标准,首先要确定承租人优先购买权的性质。根据法律规定的原意,优先购买权的设立,追求的主要是生存和安全价值,是对一种基本社会秩序的维护,而不是对出卖人所有权的限制。对优先购买权人而言,该项权利意味着购买机会上的优待和排斥他人取得特定标的物所有权的保障,但并不意味着购买条件上的优惠。根据相关规定,当承租人优先购买权受到侵害、要求作为出租人承担相应的赔偿责任时,要提供相应的证据,以证明存在造成实际损害的要件事实。

因被告未曾在出售前以同等条件征询原告,故原告丧失了交易机会,因此,从理性的商事交易目的分析,原告主张的房屋差价应当作为损失予以赔偿,可以支持,但应对确定房屋差价的计算依据作出认定。综合原、被告意见,价格标准存在系争商铺合同价为1.58万元/平方米、被告与第三人确认的买卖真实价为2万元/平方米、物业经理陈述的为2.2万元/平方米、2009年5月的询价结果为2.8万~2.9万元/平方米和2011年3月的询价结果为

3.4万~3.5万元/平方米。在上述价格中,根据系争商铺的交易时间、地理位置等市场因素,以及物业反映的情况和询价结果,合同价明显不能反映真实交易价格,不应作为交易条件予以考虑。根据庭审查明的事实,系争商铺出售于2009年5月中旬,原告于2009年7月初确认知晓出售,时间间隔短、市场价格变化不大,而在2009年7月时,第三人付出的房款已远超过系争商铺房价,故该商铺虽未签订买卖合同和办理过户,但被告与第三人陈述因两处出售故售价低于市场价是可以采信的,应以2万元/平方米作为交易价格。至于购买系争商铺的原告,作为房屋买卖市场中的买受人之一,其所得到的交易价格只可能是市场价,因为被告准备出售两处而给予第三人较优惠价格,该特殊原因应以金钱折合加入价格中,否则必然造成对被告所有权的侵害。关于市场价的认定,应对房屋的价值有直观的认识,但对房屋价格作出认定不能等同于原告可买受的价格,地段、人气因素都是商铺买卖需要考虑的因素,故作为直接管理系争小区的物业,其所反映的价格综合了系争商铺价值和可交易价格的情况。综上,原告的房屋差价损失应以争议时系争商铺可能发生交易的价格与被告真实售价的差额作为依据。

案例评析

《民法典》及之前的法律均规定,出租人如果没有通知承租人或者有妨碍承租人行使优先购买权情形的,承租人可以要求出租人承担赔偿责任。但是关于赔偿的标准法律并没有明确的规定,本文的案例对于赔偿标准作出了示范性判决,并被收录在《人民法院案例选》2012年第4辑中。关于承租人的优先购买权,实践中一般有以下几个常见的争议点。

一、承租人是唯一的优先购买权人吗?

答案是否定的。根据《民法典》第305条和第306条的规定,按份共有人处分共有不动产时,需要通知其他共有人,其他共有人享有优先购买权。同时根据《民法典》第726条的规定,承租人的优先购买权有除外情形,一是按份共有人行使优先购买权或者出租人将房屋卖给近亲属。按份共有人是基于物权享有优先权,而承租人只是基于债权享有优先权,债权劣后于物权。也就是说,按份共有人的优先购买权优于承租人的优先购买权,这是为了维系财产权属稳定,保护权利在先的物权人。所以在本案中,承租人能行使优先购买权的前提是,中国人民解放军原南京军区某上海办事处向法院表示作为系争房屋共有人,放弃主张优先购买权。

二、承租人长期欠租构成根本违约后是否还享有优先购买权?

《民法典》第 726 条和第 728 条规定,出租人侵害承租人优先购买权,承租人可以主张赔偿损失。单从条文规定来看,似乎该规定仅约束了出租人,那么承租人是否在任何情况下都可以主张赔偿呢?

在江西省高级人民法院作出的民事判决中,承租人徐某与 A 公司签订了 6 年的租赁协议,A 公司出售租赁物业,徐某以侵害其优先购买权为由,要求 A 公司赔偿损失。经过法院审理发现,徐某长期欠租,已经构成根本性违约。法院认为,承租人的优先购买权并不是没有任何限制,也不是任何情形下一直享有。徐某长期不交租金,拖欠租金达 46 万余元。徐某未履行租赁合同的主要义务,属于根本违约,A 公司可以按照法律规定解除租赁合同。租赁合同解除后,徐某不再享有优先购买权。承租人长期欠租已经严重违反诚实信用原则,如果仍然赋予承租人优先购买权,将违背诚实信用和公平原则。最终法院认定徐某丧失了优先购买权。[1]

类似的案例还有广东省广州市中级人民法院作出的民事判决。杨某系某金属公司的员工,因为工作关系,公司分配名下房产给杨某居住。杨某在 20 世纪 90 年代移民澳大利亚,但是房产仍由其家庭占用,自 2005 年起未再支付租金。2008 年由于该公司破产清算一案,破产清算组准备处置该租赁物业,并将该物业出售给李某。2013 年 12 月 16 日,李某获得该房产权属登记。杨某家属以该出售行为侵害其优先购买权为由提起诉讼。法院认为,2005 年后,杨某及其家属未支付过租金,无法证明在房产出售时,A 公司与

---

[1] 参见江西省高级人民法院民事判决书,(2019)赣民再 147 号。

杨某及其家属之间存在合法有效的租赁合同关系。因此,杨某及其家属不享有优先购买权。[1]

根据以上两个案例我们可以看出,优先购买权成立的前提是,出租人出售房产时,租赁关系合法有效且存续。之所以赋予承租人优先购买权是考虑到承租人已经居住在租赁物业内,实际占有了租赁物业,一是为了方便交易(承租人购买无须腾退房屋,交付更便捷),二是为了维系承租人生产生活的稳定性,所以在同等条件下承租人可以优先购买。但是当承租人发生欠租等根本性违约的情况时,这种稳定的租赁关系已经被打破,实践中更是不乏出租人因为承租人欠租、破坏租赁物业等所以出售物业的情况,如果再赋予承租人优先购买权,对于出租人而言无疑是不公平的。法律从来不允许,更不会维护违反诚实信用原则的行为。因此,如果承租人已经产生根本性的违约行为,不能主张优先购买权。

三、侵害承租人优先购买权的赔偿标准如何确定?

出租人侵害承租人的优先购买权实质上是侵权行为,因此赔偿是侵权损失赔偿。根据法律规定,侵权损失赔偿只能以实际发生的为限,不包括间接损失。

(一)承租人因优先购买权被侵害而购买其他同类型物业,多支出购房款可以作为损失

如果承租人在同等条件下行使优先购买权,但是出租人将物业出售给按份共有人或近亲属以外的第三人时,承租人为购买其他同类型房产而多支付购房款的,承租人可以多支出的价差作为损失主张赔偿。在重庆某商贸公司与陈某、胡某租赁合同纠纷中,陈某和胡某租赁重庆某商贸公司的物业,重庆某商贸公司未通知陈某、胡某便将物业出售给第三人,重庆某商贸公司出售物业价格为170万元,陈某、胡某从第三人手里买回租赁物业的价格是204.88万元,二者存在34.88万元的价差。法院最终将交易价差作为

---

[1] 参见广东省广州市中级人民法院民事判决书,(2019)粤01民终11744号。

陈某、胡某的损失。[1]

（二）承租人实际未遭受损失，法院将结合案情酌定赔偿金额

在周某与郑某、张某、杭某房屋租赁合同纠纷中，杭某自2009年起将案涉房产出租给周某经营餐饮，2017年8月9日，杭某将租赁房产出售给张某、郑某，转让价为250万元。转让后周某仍继续租用案涉房产。由于杭某没有通知周某，周某以侵害其优先购买权为由提起诉讼。关于赔偿问题，周某无法证明杭某的出售行为给其造成了损失。周某没有购买同类房产用于延续租赁合同到期后的经营，也没有为了购买同类房产实际发生支出，且租赁物业的出售并没有影响周某对租赁物业的正常使用。周某要求按照转让价格与市场价格的差价计算损失。法院结合本案实际情况、当事人的过错程度等，酌定周某的损失为3万元。[2]

（三）承租人因优先购买权被侵害，产生搬迁损失和装修损失的可以请求侵权人予以赔偿

在南通某地产有限公司与范某房屋租赁合同纠纷中，双方于2015年4月10日签订房屋租赁协议，后南通某地产有限公司将租赁物业出售给他人，并办理产权过户手续。出售时，南通某地产有限公司未通知承租人范某。在诉讼过程中，法院委托评估机构对房屋进行评估，租赁物业内机械设备搬迁费用为3500元，涉案物业装饰装修价值为37,008元。法院认为如果承租人可以行使优先购买权，那么承租人对房屋的装修可以最大限度地利用，避免不必要的搬迁，因此法院支持了范某关于搬迁费和装修损失的赔偿主张。[3]

四、承租人能否以优先购买权遭受侵害为由，主张司法拍卖无效或撤销拍卖？

在司法实践中，不乏债务人不能清偿债务，在执行阶段被法院强制执行名下房产的情形。目前的司法拍卖多数在司法拍卖网络平台公开拍卖，在

---

[1] 参见重庆市第三中级人民法院民事判决书,(2014)渝三中法民终字第01342号。
[2] 参见江苏省南京市中级人民法院民事裁定书,(2018)苏01民终4245号。
[3] 参见江苏省南通市中级人民法院民事判决书,(2018)苏06民终472号。

拍卖之前法院会在被拍卖物业处张贴拍卖公告和搬离通知。但是承租人总是因为各种原因,不知道租赁的物业将被拍卖。租赁物业被司法拍卖后,承租人可以侵害其优先购买权为由主张拍卖无效或者撤销拍卖吗?根据《民法典》第728条的规定,出租人未通知承租人或者有其他妨害承租人行使优先购买权情形的,承租人可以请求出租人承担赔偿责任。但是,出租人与第三人订立的房屋买卖合同的效力不受影响。换句话说,对租赁物业的处置行为并不会因为承租人的优先购买权而无效或被撤销。因为从法理上来说,处置行为是物权行为,物权由出租人转移到第三人,物权是绝对权。而承租人的优先购买权是基于租赁合同对出租人的债权,即在同等条件下,承租人享有优先购买之债。债权和物权相比,物权优先,即租赁物业买受人的权利大于承租人。这是《民法典》第728条的法理所在。司法拍卖行为是一种物权处置行为,只是不同于普通的买卖关系,由司法机关介入。所以因为拍卖导致的物权变动,并不会因承租人的优先购买权而无效或被撤销。最高人民法院曾就该问题作出过裁定。某公司是被拍卖物业的承租人,拍卖成交后,某公司以侵害其优先购买权为由提出执行异议,要求重新拍卖。最高人民法院认为,即使某公司享有优先购买权,也不能以法院未作出专门通知、损害其优先购买权为由,主张撤销司法拍卖并重新进行拍卖。[1]

综上,承租人优先购买权成立的前提是承租人没有根本性违约行为,租赁物业出售时租赁合同合法有效存续,且承租人应当以同等条件购买租赁物业。实践中,为了避免纠纷,出租人在出售物业时,应当诚实信用地通知承租人,一方面保障承租人享有优先购买权,另一方面保障承租人继续承租物业。出租人也不要为了规避承租人的优先购买权,表面上哄抬出售价格,实际以低价成交,该行为同样会被认定为侵害承租人优先购买权,需承担赔偿责任。

---

[1] 参见最高人民法院执行裁定书,(2022)最高法执监229号。

城市更新篇

房地产开发商逾期交付房屋，能否解除拆迁补偿合同？

众所周知，城市更新是周期非常长的项目。在这个过程中，有诸多不确定因素，如因调整政府政策、台风等不可抗力导致工期延后，"钉子户"耽误项目开发等。这些不确定因素均可能会导致一个最终的结果，那便是房地产开发商逾期交付房屋。当发生房地产开发商逾期交付房屋的情形时，被拆迁人可以要求解除拆迁补偿合同吗？下面笔者通过案例来为大家进行阐释。

基本案情[1]

2014年12月17日，温某作为乙方，A公司作为甲方，双方签订《拆迁补偿协议》，约定乙方拥有位于深圳市龙岗区的房地产及构筑物，乙方同意对建筑面积701.59平方米的住宅采取产权调换和货币补偿相结合的方式进行补偿，其中建筑面积为480平方米的部分按1∶1的比例以住宅回迁安置房进行产权调换。关于剩余221.59平方米的部分与建筑面积为15.92平方米的杂物间，合计建筑面积为237.51平方米的房屋，乙方同意甲方以5000元/平方米给予货币补偿，则甲方须补偿乙方1,187,550元。在临时安置期限内，甲方不提供周转房，不支付回迁保证金，由乙方自行安排，甲方按住宅回迁

---

[1] 参见广东省深圳市中级人民法院民事判决书，(2021)粤03民终17807号。

安置房的总面积 480 平方米，于第一年、第二年、第三年每月支付临时安置补助费 4800 元，第四年、第五年每月支付临时安置补助费 5280 元，临时安置期计算时间从乙方将被收购及搬迁的房地产及构筑物腾空并移交给甲方之日起至安置房交付使用之日止。2014 年 12 月 31 日前，乙方应腾空被收购房地产及构筑物并移交给甲方，由甲乙双方共同出具移交书确认移交时间；本协议签订时，乙方应将与被收购房地产及构筑物有关的产权资料、证件的原件移交给甲方；自乙方腾空并移交被拆迁物业之日起 5 年内，甲方应当向乙方交付安置房。乙方同意甲乙双方按照签协议的顺序，每 50 户为一组，由甲方组织集中抽签，所抽的顺序作为选安置房的顺序。

同日，温某（乙方）又与 A 公司（甲方）签订《补充协议书》，约定双方同意在原协议约定的基础上，甲方再给予乙方货币补偿 838,240 元作为本次收购标的房屋应得的其他全部补偿、赔偿、补助等费用，本协议生效后 15 个工作日内甲方一次性支付给乙方。随后，温某签署《放弃房地产权利声明书》《不动产权益转让声明书》，声明自愿放弃对位于深圳市龙岗区房产及构筑物的所有权及相关权利，将上述房产及房产未来基于征收、拆迁、旧改或城市更新改造等补偿所得的一切利益转让给 A 公司。

2014 年 12 月 24 日，温某与 A 公司人员叶某签订《移交书》，陈述自本移交书出具之日起，温某放弃位于深圳市龙岗区地产及构筑物的所有权，并将该标的物移交给 A 公司，标的物的占有、使用、收益、处分等权利均归 A 公司所有，同时温某承诺结清移交时点之前产生的水电、物管、煤气等费用，并保证未拖欠政府相关税费。2015 年 1 月 6 日，A 公司向温某转账支付 838,240 元、757,056 元，2015 年 2 月 2 日，A 公司又转账支付 57,600 元、504,704 元。其后，A 公司按期向温某支付临时安置补助费，直至 2019 年 12 月 31 日。2019 年 12 月 27 日，温某向 A 公司发出《房屋交付催告函》，函件表示 2018 年 8 月 29 日 A 公司指定温某在项目一期 B 地块进行选房，温某挑选了相应的回迁房房屋，合计 489.96 平方米。按约定 A 公司应当在 2019 年 12 月 24 日前交付上述产权置换的房屋，但至今尚未交房，温某要求 A 公司在收到此函后

3个月内交付房屋,若A公司在上述期限内仍拒绝交房,则温某将依法解除协议书。该函件于次日送达A公司。

2020年4月12日,温某向A公司发出《解除合同通知书》,以A公司仍未交付安置房的义务为由,通知A公司解除双方于2014年12月17日签署的《拆迁补偿协议》,要求A公司返还已经移交的房地产及构筑物和房地产证,将水电账户重新过户给温某,并承担温某的可得利益损失15,115,276元。该份通知于次日送达A公司。随后,温某诉至一审法院。

法院判决

经过一审、二审,法院驳回温某解除合同的诉请,温某应当继续履行其与A公司于2014年12月17日签订的《房地产收购及搬迁补偿安置协议书》和《房地产收购及搬迁补偿安置之补充协议》,具体包括温某接收安置房,办理入伙手续时结清房屋建筑面积差价,配合A公司注销被拆迁房产的房地产证等,但是A公司应当向温某支付延迟交房期间的临时安置补助费184,096元。

法院认为,本案争议的焦点为温某是否享有合同解除权。法院认为,《拆迁补偿协议》和《补充协议》是双方真实意思表示,内容不违反法律法规的强制性规定,合法有效。根据上述协议,A公司的合同主要义务包含:(1)房屋产权调换;(2)提供货币补偿;(3)支付临时安置补助费等。根据双方履行合同的情况来看,A公司对于提供货币补偿和支付临时安置补助费等均依照约定履行,仅对于房屋产权调换存在延期,目前涉案项目已经取得竣工验收备案收文回执,且A公司也向温某发出《入伙暨结算结算书》,在合同履行过程和庭审过程中,A公司也愿意承担因延期交房对温某造成的损失。因此,经过综合考虑,法院认为A公司的行为属于违约,但不构成根本违约,其延期履行的义务并非合同全部义务。因此,温某不享有法定解除权。而在双方签订的上述协议中,对于合同解除未进行约定,因此温某也不享有约定解除权。另外,根据温某在庭审中的陈述,其解除合同的目的是重新签订

《拆迁补偿协议》,该行为的本质是获得更高的收益,其本身也有违诚实信用原则。因此,从诚实信用和公平公正的角度出发,法院对温某的主张不予支持。

案例评析

城市更新项目中,如果房地产开发商逾期交房,被拆迁人可以要求解除合同吗?在司法实践中,有很多房地产开发商逾期交房,购房者要求解除合同,法院支持购房者的裁判,但是在本案中,为什么法院未支持购房者的诉请?

一、城市更新都要经历什么?

在解释法院为什么这么判决之前,我们先要了解在拆除重建类城市更新项目中,房地产开发商和被拆迁人都要经历的程序。根据《深圳经济特区城市更新条例》的规定,城市更新一般包括7个程序,分别为:城市更新单元计划制订、城市更新单元规划编制、城市更新实施主体确认、原有建筑物拆除和不动产权属注销登记、国有建设用地使用权出让、开发建设、回迁安置。在这个过程中,房地产开发商在城市更新单元计划制订时需要向更新单元范围内的被拆迁人征集更新意愿,更新意愿达到法定标准[1]之后,被拆迁人委托的单一主体(一般为房地产开发商)可以向区城市更新局申报立项。

---

[1] 《深圳经济特区城市更新条例》(深圳市第六届人民代表大会常务委员会公告第228号)第25条规定:"申报拆除重建类城市更新单元计划时,拆除范围内物业权利人更新意愿应当符合下列要求:(一)用地为单一地块的,应当经全体共同共有人或者产权份额四分之三以上的按份共有人同意,建筑物区分所有的,应当经专有部分面积占比四分之三以上的物业权利人且占总人数四分之三以上的物业权利人同意,其中旧住宅区所在地块应当经专有部分面积占比百分之九十五以上且占总人数百分之九十五以上的物业权利人同意;(二)用地包含两个或者两个以上地块的,每一地块物业权利人更新意愿应当符合前项规定,且物业权利人同意更新的面积不少于总用地面积的百分之八十;(三)用地属城中村、旧屋村或者原农村集体经济组织和原村民在城中村、旧屋村范围以外形成的建成区域的,应当经原农村集体经济组织继受单位的股东大会表决同意进行城市更新,或者符合前两项规定,经原农村集体经济组织继受单位同意。申请将旧住宅区纳入拆除重建类城市更新单元计划,自发布征集意愿公告之日起十二个月内未达到前款物业权利人更新意愿要求的,三年内不得纳入城市更新单元计划。"

立项审批通过之后,房地产开发商需要委托具有相应资质的机构编制更新单元规划草案,并提交区更新局进行审核,审核的内容包括:城市更新单元的目标定位、更新模式、土地利用、开发建设指标、道路交通、市政工程、城市设计、公共服务设施建设要求、公共住房等配建要求、无偿移交政府的公共用地范围和面积等。专项规划审批通过之后,房地产开发商便能确定该项目的容积率、规划指标、公配指标等,接下来就是与被拆迁人签署拆迁补偿安置协议。实践中,房地产开发商为了提前铺排项目进度,会提前与被拆迁人签署拆迁补偿安置协议,但是由于专项规划的各项指标不确定,提前签署的风险是拆迁补偿安置协议可能存在诸多无法确定的内容,甚至会出现拆迁补偿安置协议约定的条款无法兑现的情形。

搬迁补偿安置协议签订后,房地产开发商与被拆迁人可以向不动产登记机构申请办理注销预告登记。待全部被拆迁人与房地产开发商签署搬迁补偿安置协议后,在城市更新项目拆除范围内便形成单一权利主体(房地产开发商),房地产开发商应当向区城市更新部门申请确认实施主体。不动产权属注销登记完成后,房地产开发商应当先按照规划要求向政府无偿移交公共用地,再申请以协议方式取得更新单元规划确定的开发建设用地使用权,并签订国有建设用地使用权出让合同。在此过程中,房地产开发商一方面要向被拆迁人支付补偿款,另一方面要完成被拆迁房屋的拆除工作,待新的项目开发建设完毕之后,被拆迁人开始回迁安置。

从以上对城市更新简要的介绍我们可以看出城市更新是个浩大的工程,房地产开发商需要肩负意愿征集、申报立项、申报专项规划、签署拆迁补偿协议、支付补偿安置款项、拆除原有房产、开发建设新房产、回迁安置等重任。在拆迁安置过程中,被拆迁人除了按时交付安置房产,还需要支付拆迁安置款、注销原房产权属凭证、接收原房产并拆除等,在有的城市更新项目中,房地产开发商还需要清租、处理原房产历史遗留问题,协调被拆迁人与原村集体组织的关系。我们不难看出,交付安置房产只是房地产开发商的一部分义务,而不是全部义务。

那么不按时交付安置房,被拆迁人就能解除拆迁补偿安置协议了吗?

二、解除合同的条件

根据《民法典》第562条和第563条的规定,合同解除分为约定解除和法定解除。约定解除是合同双方可以约定解除合同的事由,当解除合同的事由发生时,解除权人可以解除合同。法定解除是发生以下情形时,合同当事人可以解除合同。(1)因不可抗力致使不能实现合同目的。(2)在履行期限届满前,当事人一方明确表示或者以自己的行为表明不履行主要债务。(3)当事人一方迟延履行主要债务,经催告后在合理期限内仍未履行。(4)当事人一方迟延履行债务或者有其他违约行为致使不能实现合同目的。(5)法律规定的其他情形。一般来说,轻微的违约是不能触发法定解除权的,法定解除权的触发一般是合同已经无履行的可能或必要,此时法律赋予合同当事人解除合同的权利。主张合同解除的一方可以通知合同相对方,也可以直接以提起诉讼或申请仲裁的方式主张解除合同。

合同解除后,如果没有履行的,终止履行;已经履行的,根据履行情况和合同性质,当事人可以请求恢复原状或者采取其他补救措施,并有权请求赔偿损失。合同因违约解除的,解除权人可以请求违约方承担违约责任。

三、因城市更新解除合同与一手房买卖合同解除的不同

一手房买卖中,房地产开发商最主要的义务就是按期交房,除此之外基本无其他与之同等重要的合同义务。而在城市更新项目中,如前所述房地产开发商的义务繁多,按期交房只是其中一项义务,与之同等重要的还有支付拆迁补偿款、拆除原房产等。所以在一手房买卖中,房地产开发商不按期交房会导致购房者合同目的落空,而城市更新项目中,房地产开发商未能按期交房,延期期间被拆迁人可以获得安置款,换句话说,房地产开发商的其他替代履行方式补偿了被拆迁人的损失,被拆迁人的合同目的未落空。所以,这也是本文案例中法院认为A公司的行为虽然违约,但不构成根本违约的原因,A公司延期履行的义务并非合同全部义务。

一手房买卖中,如果发生合同解除的,房地产开发商需要退还购房者支

付的房款，并支付相应的利息，房产恢复到未出售的状态，房地产开发商可以另行出售有关房产。在城市更新项目中，如果发生了拆迁补偿安置合同解除情形的，理论上房地产开发商需要返还被拆迁房屋，被拆迁人需要返还已收取的补偿安置款。但是事实上，城市更新项目是一个整体，拆迁补偿安置协议的解除在实操上会有很大的难度。一方面，实施主体确认的前提是全部被拆迁人与房地产开发商签署了拆迁补偿安置协议，如果合同解除，会影响整个项目实施主体的确认；另一方面，原房产已经全部被拆除，原权属凭证也已经注销，合同解除无法使之恢复到合同签署前的状态。所以，在实践中，城市更新项目合同解除的门槛会比普通的一手商品房买卖合同高，而且城市更新项目牵一发而动全身，关系着诸多被拆迁人的利益和房地产开发商的利益，法院也不会轻易解除合同。如果房地产开发商没有达到根本违约，进而导致整个项目瘫痪的情形时，法院从平衡双方当事人目前利益受损状况和今后长远利益出发，会更倾向于找到替代性的解决办法，如通过支付违约金等方式来补偿守约方的损失。本案中，A 公司虽然逾期交房，但是愿意向被拆迁人支付相应的安置款项，补偿被拆迁人的损失，所以最终法院驳回温某解除合同的诉请，判决 A 公司继续支付安置补偿款。

从这个案例我们可以看出，合同解除的适用有严格的标准，并非一发生违约情形就能解除合同。特别是在城市更新项目中，鉴于城市更新项目比一手房买卖更为复杂，牵涉的利益众多，是否能解除合同，法院会通过严格审查各方履约程度和违约情形来判断。对于那些意图获得更高的收益，违反诚实信用原则的行为，更加不会获得法院支持。

城市更新项目没立项，
可以解除拆迁补偿合同吗？

在《房地产开发商逾期交付房屋，能否解除拆迁补偿合同？》一文中，笔者曾探讨过拆迁补偿合同能否解除的问题。如该文章所述，如果城市更新项目已经进入尾声，仅剩交付安置房这一步时，解除拆迁补偿协议法院一般不予支持。如果项目在非常前期阶段，甚至还没有立项，此时拆迁补偿合同可以解除吗？下面笔者通过案例来阐释这个问题。

基本案情[1]

胡某是深圳市盐田区沙头角某小区房产所有权人。2016年8月30日，胡某与A公司就前述房产签署《产权置换协议》及《补充协议》。双方约定，胡某位于深圳市盐田区沙头角某小区房产，建筑面积为99.2平方米；按照国家、广东省和深圳市的有关政策规定，并结合盐田区的实际情况，胡某房屋的性质及权利人的要求，双方同意采用产权置换的补偿方式，即以胡某现有房屋的面积为基础按一定比例置换A公司在政府批复的城市更新单元规划范围内新建的房屋。双方约定胡某房屋建筑面积与A公司提供回迁房屋建筑面积的比例为1∶1.4；A公司不提供周转房，由胡某自行寻找过渡用房。A公司支付过渡期租金补偿费，过渡期租金补偿费的支付期限从A公司通知

---

[1] 参见广东省深圳市中级人民法院民事判决书，(2020)粤03民终12949号。

胡某搬离,胡某清空、搬离并完成验收交房手续之日起计付至回迁房屋通知交付之日止;胡某收到 A 公司的搬离通知 10 个工作日内,必须办妥手续,搬离被拆迁房屋。搬家补偿费包括搬离和搬回的费用,A 公司一次性向胡某支付搬家补偿费为每户 5000 元。A 公司向胡某支付装修补偿费按胡某现有房屋建筑面积乘以 800 元/平方米计算,共计 79,360 元;交房时间为自 A 公司取得由政府相关部门核发的工程建设施工许可证之日起 36 个月内,A 公司负责将具备入伙条件的回迁房交付给胡某;胡某应准备好各种材料予以协助。

签订本协议后,胡某不得对房屋的本体及附着物(如门、窗等)实施毁损、拆除等影响权属或价值的行为;不得再签订租赁合同,现有租赁合同不做旨在延长租赁期限、增加拆迁成本的变更;如胡某房屋存在租赁关系,胡某应在交房之前解除租约、腾空房屋。同时,胡某在本协议签订后,不得将本协议所指定的房屋转让给他人。

2018 年 4 月,深圳市城市更新单元计划盐田第三批计划公示,涉案片区城市更新项目拟拆除重建用地面积 19,261.4 平方米,但是《盐田区沙头角街道城市更新单元拟拆除重建范围示意图》并未将胡某房产纳入城市更新单元计划范围之中。由于房产不在城市更新范围内,于是胡某将 A 公司起诉至法院,要求解除《产权置换协议》及《补充协议》。

法院判决

本案经过一审、二审,法院最终判决胡某与 A 公司之间的《产权置换协议》及《补充协议》解除。

法院认为,本案为房屋拆迁安置补偿合同纠纷,争议焦点为胡某是否有权解除双方之间签订的《产权置换协议》及《补充协议》。首先,前述协议并未约定 A 公司履行义务的期限;其次,涉案协议限制了胡某对涉案房屋的买卖、抵押等物权的行使,且 A 公司直至通知胡某搬离涉案房屋无须支付任何对价;最后,截至该判决作出之日,前述协议已签订 3 年半有余,涉案房产并未被列入深圳市城市更新单元计划,关于搬迁补偿安置的权利主体更无从谈起,A公司亦未提交任何证据证明前述协议可以得到履行。综上,胡某签订涉案合同时,对涉案房屋拆除重建具有合理期待,但从涉案合同的实际履行情况来看,胡某并不能实现前述合同目的,其主张解除涉案《产权置换协议》及《补充协议》有事实和法律依据,法院予以支持。

案例评析

为什么在《房地产开发商逾期交付房屋,能否解除拆迁补偿合同?》一文中,法院判决被拆迁人不得解除拆迁补偿协议,而本文案例中,法院判决被拆迁人可以解除合同?

一、合同解除的条件

首先我们需要分析合同解除的条件。根据《民法典》第562条和第563条的规定,合同解除分为约定解除和法定解除。约定解除是合同双方可以约定解除合同的事由,当解除合同的事由发生时,解除权人可以解除合同。法定解除是发生以下情形时,合同当事人可以解除合同。(1)因不可抗力致使不能实现合同目的;(2)在履行期限届满前,当事人一方明确表示或者以自己的行为表明不履行主要债务;(3)当事人一方迟延履行主要债务,经催告后在合理期限内仍未履行;(4)当事人一方迟延履行债务或者有其他违约行为致使不能实现合同目的;(5)法律规定的其他情形。一般来说,轻微的违约是不能触发法定解除权的,法定解除权的触发一般是合同已经无履行的可能或必要,此时法律赋予合同当事人解除合同的权利。主张合同解除的一方可以通知合同相对方,也可以直接以提起诉讼或申请仲裁的方式主张解除合同。

两个案例中,被拆迁者均是以合同目的无法实现为由行使解除权,要求法院解除拆迁补偿协议。在拆迁补偿协议中,被拆迁人的合同目的是被拆迁后获得补偿。前一个案例中,被拆迁人从将房产移交给房地产开发商后,便开始享受拆迁补偿(过渡安置费),即便房地产开发商逾期交房,但在逾期期间被拆迁人获得的补偿未中断,其合同目的其实已经实现。而且根据项目进展情况,接收安置房产只是时间早晚问题,开发商也承担了逾期交房的违约责任。所以被拆迁人以合同目的无法实现为由解除合同未获法院支持。

而本文案例中,被拆迁人所在小区未被列入城市更新计划单元,换句话说,该小区没有获得立项,根本不是城市更新拆除重建的对象。那么对于被拆除人来说,其期待小区被拆迁从而获得补偿的合同目的根本无法实现,合同也无法履行。并且该合同约定,从签署协议之后,被拆迁人不能处分房产,在合同无法履行的情况下,一直限制被拆迁人处分权既不公平也不合理。所以本案的被拆迁人以合同目的无法实现为由行使解除权,获得了法院的支持。

同样都是城市更新项目,但是项目所处阶段不同,直接影响合同履约可能性和合同履行深度,所以合同能否解除这个问题,不能简单地一概而论。

二、在城市更新中关于合作开发的一些启示

在深圳地区,由于增量用地有限,小房地产开发商很难通过招拍挂的方式获取用地,于是小房地产开发商便瞄准了城市更新市场。但是面对如此庞大的项目和众多的被拆迁人,房地产开发商做城市更新项目较为困难。特别是在征集意愿借贷时,各房地产开发商纷纷竞争,业主面对众多房地产开发商纷纷提高拆迁要求。有的业主要求在征集意愿时就要签署拆迁补偿协议,否则不予合作。一些房地产开发商为了抢占市场和项目,不得不早早与业主签署拆迁补偿协议。但实际上,意愿征集是非常前期的阶段,项目是否能最终立项无法保证。本案例就是拆迁补偿协议过早签署但后续产生了问题的典型例子。一般来说,拆除补偿协议需要在专项规划审批之后签署,一方面项目已经立项,另一方面专项规划审批结果载明了该项目容积率、贡献用地比例、更新方向等核心指标,房地产开发商此时能合理客观地规划拆迁补偿方案。在专线规划审批结果出来之前签署拆迁补偿方案容易出现约定的拆迁补偿标准无法实现的问题,进而引发纠纷。因此房地产开发商切勿为了抢占项目过早签署拆迁补偿协议。

对于被拆迁人而言，为了保障安置房产的品质，保证拆迁补偿的落实，其倾向于与大型房地产开发商合作。对于一些实力较弱的房地产开发商来说，其想争取到城市更新项目，与大型房地产开发商合作成立项目公司，以项目公司名义开展工作是最好的选择。在与大型房地产开发商合作时，可以有诸多合作要点可以谈判，如持股比例的设置、操盘方的设置、营销品牌的设置等。实践中，小型房地产开发商如果没有操盘能力但是有足够的资金，可以让大型房地产开发商持小比例股权操盘，小型房地产开发商做财务投资人，同时学习大型房地产开发商的操盘模式。在营销宣传中，小型房地产开发商可以搭大型房地产开发商品牌的"便车"，在销售案名中加入自己的名称，与大型房地产开发商共同营销宣传，增加自己的曝光率。

房地产开发商之间合作开发城市更新项目是非常常见的模式，国企加民企的模式尤为常见。民企拥有灵活机动的优势，国企拥有强大的资金优势和社会资源，二者强强联合优势互补。随着城市更新日趋成熟以及被拆迁人要求的提高，市场也逐渐淘汰掉了一些资质较弱的房地产开发商，如果想要寻求一席之地，单靠抢先签订拆迁补偿协议已经完全不能达到目的。小型房地产开发商寻求合适的合作主体进行优势互补才是正确的途径，否则开发过程中不能掌控项目，面临的违约风险和损失将无法估量。

租赁合同因城市更新解除，
承租人该如何是好？

近十年来，深圳地区城市更新项目发展得如火如荼，城市更新让老城区焕然一新，也带来了很多纠纷。因城市更新引发纠纷最多的一是拆迁补偿纠纷，二是房屋租赁纠纷，本文将通过案例来阐释城市更新中常见的租赁纠纷问题。

基本案情[1]

2016年9月3日，A公司与B公司签订一份《房屋租赁合同》，约定B公司承租A公司位于深圳市龙岗区某厂房及房屋，面积约为6000平方米，空地约为4000平方米，其中该物业厂房的楼顶不在租赁范围，租赁期限自2016年9月3日至2022年9月2日。合同约定2016年9月3日至2019年9月2日每月租金为125,000元，2019年9月3日至2022年6月2日每月租金为143,750元，B公司应当于每月5日之前交纳租金，租赁押金为250,000元。

其中合同第5条第1款约定，B公司在租赁期内应按时缴纳租金、水电费、工人工资等一切与经营有关的费用。合同第6条约定，因B公司投入较大资金装修，A公司在租赁期间，不得以任何理由收回房屋（政府征用和旧

---

[1] 参见广东省深圳市中级人民法院民事判决书，(2021)粤03民终31980号。

城改造及不可抗力除外）。合同第 8 条第 1 款约定，租赁期间，A 公司前 3 年（含免租期）如遇拆迁，赔偿 B 公司 600,000 元装修补偿款；后 3 年赔偿 B 公司 400,000 元，租期期满后无须赔偿任何费用。合同第 10 条第 5 款约定，水电费按供水、供电公司收费标准收取，A 公司负责将水电线路铺设到每栋的总闸位置。

上述合同签订后，B 公司交纳了租金押金 250,000 元，A 公司将涉案房屋交付 B 公司使用，B 公司装修后用于经营建材市场。2020 年 6 月 24 日，A 公司向 B 公司发出通知函，称租赁厂房需要通过政府有关部门审批进行提升改造，根据租赁合同条款，通知 B 公司尽快安排搬迁。2020 年 7 月 2 日，B 公司复函称，A 公司的通知函于 2020 年 7 月 1 日已收到，但因合同未到期，搬迁将造成重大损失，请 A 公司出具相关证明文件后再协商赔偿和搬迁事宜。

为此，A 公司向 B 公司出示了 2020 年 6 月 12 日刊登于《深圳商报》的《关于〈龙岗区龙岗街道某社区城市更新单元规划（草案）〉的公示》。2020 年 7 月 7 日，A 公司正式向 B 公司发出解除函，通知 B 公司按合同约定解除租赁合同，限令 B 公司于 2020 年 10 月 7 日前搬离。2020 年 9 月 17 日，B 公司复函称，因双方租赁合同未到期，委托公司总经理作为代表人与 A 公司商谈搬迁补偿事宜。之后，因双方搬迁补偿事宜未能达成一致意见，B 公司拒绝搬迁，A 公司遂诉至法院，要求确认双方间租赁合同已经解除，B 公司立即搬离租赁物业并支付欠付租金。

法院判决

本案经过一审、二审，法院最终判决双方间租赁合同解除，B 公司应当将租赁物交还 A 公司，并支付拖欠租赁。

法院经审理认为，B 公司与 A 公司签订的《房屋租赁合同》真实合法有效，当事人应当恪守履行。合同第 6 条的内容实为对解除合同的条件予以约定，即 A 公司在"政府征用"、"旧城改造"以及不可抗力的情况下可以解除合同并收回租赁物业。

本案争议的焦点在于租赁物业现状是否符合上述约定的解除情形。对此,法院已致函深圳市龙岗区城市更新和土地整备局查询相关事实,明确涉案物业所在的建材产业园位于龙岗街道某社区城市更新单元范围内,该项目于 2018 年 11 月列入城市更新计划。据此法院认为,租赁物业符合"旧城改造"的约定解除情形,A 公司行使约定解除权,理由成立。B 公司上诉认为物业现状尚不影响承租使用,不构成不可抗力。

法院认为,《房屋租赁合同》明确约定解除权的行使条件,A 公司可依据该约定解除合同,无须另行满足法律法规有关不可抗力等法定解除条件。且根据 A 公司二审期间提交该公司与其他第三方签订的《解除协议》《人民调解书》等证据,租赁物业所在建筑物内其他承租人因案涉城市更新项目而陆续搬离。B 公司主张继续履行本案《房屋租赁合同》的理由不成立,故法院最终判决支持 A 公司诉请。

案例评析

如果承租物业的租赁合同因为城市更新被解除,承租人应当如何应对?

一、合同解除的条件

首先需要分析合同解除的条件。根据《民法典》第 562 条和第 563 条的规定,合同解除分为约定解除和法定解除。约定解除是合同双方可以约定解除合同的事由,当解除合同的事由发生时,解除权人可以解除合同。

法定解除是发生以下情形时,合同当事人可以解除合同:

(1)因不可抗力致使不能实现合同目的;

(2)在履行期限届满前,当事人一方明确表示或者以自己的行为表明不履行主要债务;

(3)当事人一方迟延履行主要债务,经催告后在合理期限内仍未履行;

(4)当事人一方迟延履行债务或者有其他违约行为致使不能实现合同目的;

（5）法律规定的其他情形。

本案中，A公司与B公司在租赁合同中明确约定了"A公司在租赁期间，不得以任何理由收回房屋（注：政府征用和旧城改造及不可抗力的原因除外）"。换句话说，如果租赁期限内发生政府征用、旧城改造或者不可抗力因素的，A公司有权解除合同，即城市更新是触发合同解除的条件之一。承租物业于2018年11月列入城市更新计划，触发了A公司解除合同的条件，因此A公司有权向B公司发出通知函，通知其尽快搬离承租物业，并解除双方间租赁合同。

二、合同解除的适用

一般而言，如果合同约定了解除条件的，一旦达到条件，相关合同主体便享有了解除权。该解除权的行使不以法定解除权为前提，也不存在法定解除权优先的情况。对于平等民事主体之间的合同，有约定的从约定，以尊重平等民事主体之间的自由处分权利，法律一般不会过多干预双方间的约定。

因此，只要合同约定的内容不违反法律法规禁止性规定也不存在无效情形，双方约定了合同解除条件的，就应当按照约定履行。法律规定了法定解除的情形，除此之外双方也约定了解除条件，为了不使合同履行陷入僵局，赋予合同当事人解除合同的权利。

这样规定一方面是出于对经济效益的考虑，避免双方因合同无法履行而陷入僵持，另一方面也是赋予合同当事人及时止损的权利，以免因合同履行产生或扩大不必要的损失。在适用约定解除和法定解除的时候，并不是法定解除优先于约定解除，相反，有约定的优先从约定。因此，本案B公司以合同未达到法定解除情形为由，要求继续履行合同的主张未获得法院支持。

三、城市更新中约定解除权的应用

由于深圳地区城市更新开展的范围很大，而且存在诸多不确定因素，因此在实践中，租赁合同通常会约定如遇城市更新、旧城改造或政府征收征用时,出租人有权解除合同。出租人行使解除权时,应当提前通知承租人。对于承租人而言,在面临租期长、租赁面积大、租金高的租赁合同时,其需要谨慎签署租赁合同。一旦约定的解除条件触发,承租人将面临搬迁问题、装修损失问题及拆迁补偿问题。因此,承租人在承租之前务必了解清楚承租物业是否存在短期内开展城市更新的风险,在洽谈租赁合同的时候,需要明确合同解除的条件,以及发生城市更新时承租人可获得的补偿。

四、因城市更新租赁合同解除的法律后果

在实践中,租赁合同解除引发的最常见争议是装修损失赔偿问题。根据最高人民法院《关于审理城镇房屋租赁合同纠纷案件具体应用法律若干问题的解释》,装修损失赔偿需要分不同的情形处理。承租人经过出租人同意对承租物业进行装饰装修,如果租赁合同约定了装饰装修物归属和赔偿问题的,那么按照双方的合同执行。

如果租赁合同没有约定,未形成附合的装饰装修物可由承租人拆除,但拆除行为不得破坏承租物业,因为拆除行为导致承租物业毁损的,承租人应当恢复原状;已经形成附合的装饰装修物,因为城市更新这类不可归责于双方的事由导致合同解除的,剩余租赁期内的装饰装修残值损失由双方按照公平原则分担。

因租赁合同期限届满,承租人要求出租人补偿附合装饰装修费用的,法院不予支持,除非当事人另有约定。因为装饰装修物的使用价值已经在租赁期内消耗完毕,承租人已经充分享受了装饰装修物的价值;对于出租人而言,装饰装修物无任何价值,承租人不得强迫出租人接受甚至要求出租人赔偿。

五、城市更新中,承租人可获得赔偿项目

因为城市更新导致租赁合同被解除,承租人将面临搬迁问题,随之而来的就是搬迁损失、装修损失、停产停业损失。城市更新实施主体与被拆迁主体签订的拆迁补偿协议中一般会约定搬迁费、装修损失、停产停业损失等赔偿项目,由于物业实际使用人不是被拆迁人而是承租人,实际遭受损失的是承租人，被拆迁人会将前述拆迁补偿支付给承租人。

实践中，一些租赁合同明确约定发生城市更新时，关于出租人补偿给承租人的损失，出租人按照合同约定径直补偿给承租人即可。由于物业由承租人实际占有使用，如果承租人不搬离物业，被拆迁人无法移交物业给城市更新实施主体，进而无法获得实施主体支付的赔偿款项。因此，为了尽快拿到拆迁补偿款，出租人多愿意让渡相应的拆迁补偿款给承租人。

根据《深圳市房屋征收与补偿实施办法（试行）》第23条第1款的规定，作出房屋征收决定的辖区政府对被征收人以及符合规定的合法使用人给予的补偿包括：(1)被征收房屋价值（含已经取得的合法国有土地使用权的价值）的补偿；(2)因征收房屋造成的搬迁、临时安置的补偿；(3)因征收房屋造成的停产停业损失的补偿。

《深圳市房屋征收与补偿实施办法（试行）》的附件《深圳市房屋征收补偿规则》对于临时安置费用和停产停业补偿进行了细化。

对于实行产权调换的住宅房屋的临时安置费用，被征收人自行安排住处临时过渡的，征收人应当参照同类房屋市场租金按月支付临时安置费，支付临时安置费的计算期限为自搬迁之日至产权调换房屋交付使用之日，另外再加3个月装修期临时安置费；实行产权调换的非住宅房屋，支付临时安置费的计算期限为自搬迁之日至产权调换房屋交付之日，另外再加6个月装修调试期安置费；实行货币补偿的，给予3个月市场租金的临时安置费。

对于因征收引起的停产、停业的补偿标准有以下两点内容。(1)能提供与征收决定发布日期间隔3个月以上，有登记、备案凭证的房屋租赁合同的住宅房屋，按市场租金给予6个月的一次性租赁经营损失补偿；无登记、备案凭证的房屋租赁合同的出租住宅房屋，不给予租赁经营损失补偿。(2)征收合法经营性房屋引起停产、停业的，根据被征收房屋的区位和使用性质，按照下列标准给予一次性停产、停业补偿费：能依据完税证明提供利润标准的，给予6个月税后利润补偿；不能提供利润标准的，按上年度同行业月平均税后利润额计算或者按同类房屋市场租金给予6个月的补偿。

对于棚户区改造（政府主导的旧住宅改造项目），各区棚户区改造项目的赔偿标准基本按照上述规定制定。

城市更新作为以市场主体为主导的项目，虽然不按上述规定实施补偿标准，但是各实施主体会参考上述规定并结合项目实际情况制定拆迁补偿标准。城市更新实施主体与被拆迁人签订拆迁补偿协议时，一般会约定赔偿金额全部支付给被拆迁人，被拆迁人自行厘清与承租人之间的经济关系。

六、承租人签署租赁合同应当注意的问题

首先，承租人在承租物业时，应当了解相关物业是否在城市更新计划范围内，如果已经被列为城市更新对象，那么租赁合同有随时被解除的风险。特别是针对租赁期限长、租赁面积大、需要投入装修的租赁，了解承租物业情况尤其重要。

其次，双方应当约定合同是否可以城市更新为由解除，如果可以解除，出租人应当提前通知承租人，给承租人预留时间搬迁及寻找新的租赁物业。

最后，双方应当约定发生城市更新或者政府征收情形时承租人获得的赔偿项目。实践中不乏因为合同约定不明或者双方对合同理解不一致引发争议的案件。

比如，在余某与何某房屋拆迁安置补偿合同纠纷案中，余某承租何某的物业，双方就拆迁补偿事宜签订协议，该协议约定"何某根据政府公示的拆迁安置补偿标准取得的租赁房屋装修费、停产停业补偿、首次搬迁费、清租补偿等相关款项按照政府的支付方式向余某支付"。双方就补偿事宜产生纠纷，余某认为前述补偿全部归自己所有；何某认为政府补偿给余某的归余某所有，补偿给自己的归自己所有。法院认为，余某与何某对该条款持不同理解，但根据文义解释，上述租赁房屋装修费、停产停业补偿、首次搬迁费、清租补偿等相关款项的给付主体应为何某，而非政府，给付对象应为余某，而非何某。故法院认为，双方对上述款项的归属权已有明确约定，何某应将其根据政府公示的拆迁安置补偿标准取得的相关款项付予余某。[1]

综上,涉及城市更新的租赁合同与普通的租赁合同相比,涉及的法律关系和法律问题更加复杂,且合同履行过程中会发生种种影响双方合同履行的因素。因此,在签署租赁合同之前,务必了解清楚承租物业的基本情况,同时也要就城市更新可能带来的影响作出预判,特别是要合理地控制承租的成本(如装修费用),尽可能避免不必要的损失。

---

[1] 参见广东省深圳市中级人民法院民事判决书,(2018)粤03民终2171号。

城市更新中新政策出台是否构成不可抗力？

城市更新项目通常工程浩大且耗时很长，其平均开发周期长达10年之久。房地产市场政策风云变幻，层出不穷的政策会给城市更新项目的进行带来什么影响？

基本案情[1]

2017年7月15日，A公司与B公司签订《资产转让合同》，约定A公司将名下一块总占地面积16,969.08平方米的地块转让给B公司，该地块不存在抵押、查封、限制及违反政府对出让合同要求等权利负担，并已经完成全部税费缴纳。本地块转让的先决条件是A公司向政府有关部门申请地块规划调整及用地性质变更。在满足先决条件后，双方办理土地过户登记。本次地块转让价款为7亿元。

《资产转让合同》还约定，为担保合同的履行，标的地块先行抵押给B公司，同时B公司向A公司支付3.2亿元诚意金。如果2017年10月30日前A公司未能满足先决条件，B公司有权解除合同，A公司应当在收到B公司通知3日内返还诚意金，没及时返还的按每日5‰的标准支付违约金。如果B公司不解除合同的，A公司应当按年化利率15%向B公司支付资金占用费。合同签署后，双方办理了地块抵押手续，B公司也按约支付了诚意金。

---

[1] 参见海南某房地产开发有限公司与三亚某投资有限公司、张某等确认合同效力纠纷案，载《最高人民法院公报》2021年第2期。

2017年10月31日，A公司向B公司出具《情况说明》：由于市政府棚改项目政策调整，致使本项目地块控制性规划调整未能在10月30日前完成。A公司表示鉴于项目在海南，党的十九大之后可能对海南国际旅游岛的发展提出更多利好政策因素，海南房地产价格总体趋高发展，土地资源更加紧缺，尤其是三亚市内海景资源会更加稀缺，延迟开发不代表不能开发，只是时间问题。A公司同时向B公司提出顺延合同执行时间的建议。2017年11月12日，A公司收到B公司发出的《催款函》，该函载明A公司已逾期退还3.2亿元诚意金，严重影响B公司资金安全。B公司函告A公司解除合同，请A公司立即无条件将3.2亿元诚意金及相应违约金退还至B公司账户。

由于A公司一直未能按约退还诚意金，B公司将A公司诉至法院。在诉讼过程中，B公司提交证据证明，A公司曾向股东张某提供资金2951万元，并以公司人格混同为由要求股东张某对A公司的债务承担连带责任。

法院判决

本案经过一审、二审，法院判决解除双方之间的《资产转让合同》，A公司应当返还诚意金；A公司股东在2951万元范围内承担补充责任。

一、关于合同效力问题

通过上述《资产转让合同》内容以及签订履行情况等事实，可以认定《资产转让合同》是A公司和B公司的真实意思表示并经双方协商一致。该合同内容不违反法律、行政法规的强制性规定，合法有效。

二、市政府城市更新项目的政策调整是否构成不可抗力

根据法律的规定，不可抗力是指不能预见、不能避免且不能克服的客观情况。本案中，A公司未能在2017年10月30日前完成《资产转让合同》第4条约定的案涉地块的容积率、土地性质等规划指标的调整。A公司辩称，其无法如期完成案涉地块规划指标的调整，系由2017年9月政府出台的"两个暂停"政策导致，属于不可抗力，不应认定其构成违约。

但根据查明的事实,2016年2月23日海南省人民政府就发布《关于加强房地产市场调控的通知》,暂停办理新增商品住宅及产权式酒店用地审批,暂停新建商品住宅项目规划报建审批。2016年12月7日,海南省人民政府发布《关于继续落实"两个暂停"政策进一步促进房地产市场健康发展的通知》。2017年9月28日,海南省人民政府印发《关于进一步深化"两个暂停"政策促进房地产业平稳健康发展的意见》。

可见,早在2016年2月23日海南省人民政府便实施了"两个暂停"政策,2017年9月28日的《关于进一步深化"两个暂停"政策促进房地产业平稳健康发展的意见》是对2016年2月23日《关于加强房地产市场调控的通知》的继续深化和落实。《资产转让合同》于2017年7月15日签订,A公司作为在海南省三亚市登记注册的专业房地产投资公司,海南省人民政府的"两个暂停"政策不属于其在签订该合同时无法预见的客观情况,现A公司主张相关政府政策调整构成不可抗力进而主张其应免责依据不足,法院不予支持。

案例评析

一、政府的政策调整是否构成不可抗力

不可抗力是指不能预见、不能避免且不能克服的客观情况。构成不可抗力的政府行为或者国家公权力行为应当限于超出合同双方控制范围或无法预见、无法避免、无法克服的情形。如果政府政策的调整在协议签订时就已经在进行中,那么对于协议的履行而言不属于不可抗力,本案即属于此种情形。

本案中,早在2016年有关政府便开始对房地产市场及城市更新项目进行调控,虽然涉案合同履行过程中出台了新的政策,但该新政策仅是原来政策的细化和延续,并不属于突发的、当事人不能预见的情形。A公司作为本地的房地产企业,不可能不知道相关政策的出台和实施。

A公司接手涉案地块后该地块一直处于烂尾楼的状态。在房地产管控

的大背景下，可以合理地怀疑涉案地块之所以处于烂尾楼状态，且一直未能变更用地规划，可能与先前出台的政策有密切关系，新政策并不是最直接的原因。在此情形下，A 公司仍要将该地块转让给 B 公司，不排除 A 公司已经判断出该地块发展前景不好，想要剥离不良资产早点脱身。

与本案类似的还有深圳市宝安区人民法审理的一起案件。[1] 在该案中 C 公司与 D 公司在 2017 年 3 月 1 日就合作开发 D 公司名下位于深圳市宝安区石岩中心区育才路南侧地块签订《城市更新项目合作框架协议》，约定由 D 公司提供项目用地及地上建筑物，配合 C 公司完成城市更新项目申报和实施工作，C 公司提供项目资金，并办理申报手续。2017 年 3 月 6 日，宝安区人民政府发布《关于印发〈深圳市宝安区城市更新暂行办法〉及 12 个配套文件的通知》，根据以上通知文件的要求，该项目需由区城市更新主管部门开展城市更新片区规划研究，否则不得受理城市更新单元计划及城市更新单元专项规划的申请。C 公司认为由于新政策的出台，导致其无法按照合同约定的计划、规划在申报期限内完成申报。D 公司认为 C 公司的理由不能成立，其未能按时完成申报已经违约，故 D 公司解除了双方合作协议，随后双方诉至法庭。

在审理过程中，法院依职权向深圳市宝安区城市更新和土地整备局、深圳市规划和自然资源局宝安管理局函询案涉地块及相应片区城市更新单元申报情况。法院查明虽然 2017 年 3 月 6 日实施的《深圳市宝安区城市更新暂行办法》第 14 条规定"未开展城市更新片区规划研究的，城市更新主管部门不得受理城市更新单元计划及城市更新单元专项规划的申请"，但是 2016 年 11 月 9 日发布的《深圳市城市更新"十三五"规划》第 41 条、2016 年 11 月 12 日发布实施的《深圳市城市更新办法》第 11 条均对片区规划研究作出了规定，C 公司作为专业房地产开发企业对此应有预见和了解。而且依据深圳市宝安区城市更新和土地整备局的复函意见，深圳市宝安区人民政府办公

---

[1] 参见广东省深圳市宝安区人民法院民事判决书，(2021) 粤 0306 民初 5346 号。

室印发的《关于进一步规范和加快城市更新工作若干措施的通知》(深宝府办〔2019〕9号)已于2019年对前述规定作出调整,城市更新片区规划研究不再作为宝安区城市更新单元计划、规划的申报条件,凡是符合《深圳市拆除重建类城市更新单元计划管理规定》计划申报条件的,均可申报,C公司亦未能在2019年调整方案对A707-×××宗地进行申报,构成违约。

通过案例我们可以发现,虽然城市更新过程中会有诸多政策出台,但如果新政策和旧政策是连贯的,该新政策并不能被视为不可抗力。出台的城市更新政策一般不会发生颠覆性改变,更多是对不明确事项的细化。而作为专业房地产开发企业应当熟悉并了解过往政策,法院对房地产开发商的要求也会高于其他普通企业,房地产开发商以不熟悉或不知道过往政策的抗辩也很难获得法院支持。

二、在政策多变的情形下,房地产项目合作应该注意的事项

首先,作为房地产开发商务必了解当地的房地产政策动态。考虑到社会稳定性,法律法规及政策不会朝令夕改。在出台新政策之前,一般都会先召集头部房地产开发商和房地产协会等有关单位进行研讨,释放信号,试探市场对新政策的反应。如果有关政策进入实质阶段,一般会先公布草案,征求社会意见。所以,研究政策是房地产开发商非常重要的功课。对于一些新进入某一地域的房地产开发商来说,如果想通过合作开发方式进军市场,那么了解当地政策是头等大事。如果政策方向搞不清,必然会存在风险。

其次,双方间的协议将是把控风险的一道大门。本案中,B公司没有陷入泥潭便是因为合同中约定了先决条件,即A公司必须先行负责向政府有关部门申请地块规划调整及用地性质变更,并且这个合同义务是A公司的单方义务。如果合同约定A公司和B公司双方共同负责向政府部门申请变更,那么B公司作为义务负担方是无法轻松抽身的。

最后,双方间的交易路径也很关键。本案例是资产转让,且B公司只支付了部分价款,合同解除对于B公司而言也仅是收回已付资金。如果双方约定通过收购股权的方式收购公司进而实现土地收购,那么合同解除可能

还涉及股权回购的问题。如果 A 公司股东不同意回购股权，B 公司将会陷入其中。特别是对于国企来说，股权转让内部需要审批，外部需要进场交易，流程较为烦琐。合作开发项目中，前期尽职调查和交易架构的设计至关重要，必须根据不同项目的具体情况、税务成本、底层资产结构来确定最终以何种方式合作，最大限度降低法律风险。合作协议的起草不仅要使双方合作顺利，也要考虑到发生纠纷时如何保全自己的合法权益。因此，务必设计妥善的退出机制或者清算方式，尽可能让各方平稳退出项目。

综上，城市更新项目时常涉及房地产开发商之间的合作开发和并购，想要规避风险，有两大防火墙，一是合理设计交易架构，并通过协议将交易前、交易中和交易后的风险提前进行预设和防范；二是对公司经营管理规范做好法律风控。风险无处不在，但是可以合理防范。

新政策出台项目停摆，
被拆迁人可以继续获得拆迁补偿吗？

深圳城市更新源于 2004 年出台的《深圳市城中村（旧村）改造暂行规定》（现已失效），从 2004 年至今，其间多部政策法规出台。新政策的出台一方面让城市更新越来越成熟规范，但是另一方面也导致城市更新项目面临诸多不确定因素。如何规避新政策对项目的负面影响？如果因为新政策出台导致项目无法推进，还需继续向被拆迁人支付补偿吗？

基本案情[1]

方某为某房产业主。2015 年 10 月 5 日，方某与 A 公司签订了《深圳市罗湖区建设集团大院城市更新项目拆迁安置补偿协议》（以下简称《拆迁安置补偿协议》），主要内容为：被拆迁房屋位于罗湖区，房屋用途为住宅，房屋建筑面积为 89.08 平方米。过渡期安置补偿期限为协议生效后、方某搬出被拆迁房屋且将被拆迁房屋交付 A 公司，并经 A 公司验收合格之日起至产权置换房屋通知入伙之日止，补偿标准为每个月 60 元/平方米。A 公司未按本协议支付任何款项的，每逾期 1 日按实际欠付金额的万分之三向方某支付违约金，由于方某或者不可抗力导致逾期的除外。本协议履行中，如遇不可抗力，遭受不可抗力方有权延期履行或终止本协议；如因政府原因或者法律法

---

[1] 参见广东省深圳市中级人民法院民事判决书，(2020) 粤 03 民终 21607 号。

规、政策调整导致无法推进本项目的,方某获得的签约奖励金不予退还,双方互不追究违约责任。

2018年4月2日,罗湖区桂园街道办事处作出《关于开展建设集团大院改造前期工作的公告》,主要内容为桂园街道办事处将于2018年4月3日至5月3日征集住宅业主对建设集团大院改造和搬迁补偿安置指导方案的意愿,若住宅业主改造意愿未达100%,统一和搬迁补偿安置指导方案未达占建设物总面积90%以上且占总数量90%以上业主的同意,视为本项目不具备实施基本条件,本次前期工作终止。

2018年8月28日,深圳市规划和国土资源委员会作出《市规划国土委关于拆除重建类城市更新单元拆除范围用地面积事宜的通知》,主要内容为自本通知发布之日起,暂停收文受理拆除范围用地面积小于10,000平方米的拆除重建类城市更新单元计划。涉案房屋所在宗地面积为3821.4平方米,属于前述通知中暂停收文之范畴。

2016年6月3日,方某向A公司出具《房地产证注销委托书》,授权A公司办理案涉房产的房地产证注销登记手续。A公司与方某签订《交房验收单》,确认前述拆迁安置补偿协议的相关内容及A公司应从2016年6月4日开始向方某支付过渡期租金。方某及A公司均确认2016年6月至2018年9月的过渡期安置补偿费已经支付,2018年10月之后的过渡期安置补偿费未再支付。

由于A公司未继续支付过渡安置补偿费,方某将A公司起诉至法院。

法院判决

本案经过一审、二审,法院最终判决驳回方某全部诉讼请求,A公司避免了几十万元的赔偿。

法院认为,方某与A公司签订的《拆迁安置补偿协议》《补充协议》的内容均未违反法律行政法规的强制性规定,系当事人的真实意思表示,合法有效,各方当事人均应依约履行。

本案的争议焦点为涉案合同是否应继续履行，A公司是否应支付方某有关费用。法院认为，2018年8月28日深圳市规划和国土资源委员会作出《关于拆除重建类城市更新单元拆除范围用地面积事宜的通知》，该通知称自通知发布之日起，暂停收文受理拆除范围用地面积小于10,000平方米的拆除重建类城市更新单元计划。涉案房屋所在宗地面积为3821.4平方米，属于通知暂停收文受理的范围。由于国土部门暂停收文受理拆除范围用地面积小于10,000平方米的拆除重建类城市更新单元计划，涉案小区的城市更新不能继续进行，符合《拆迁安置补偿协议》第31条约定的"本协议履行中，如因政府原因或者法律法规、政策调整导致无法推进本项目的，乙方获得的签约奖励金不予退还，双方互不追究违约责任"的情况。根据该约定，双方应互不追究违约责任。因此，A公司在国土部门发出上述通知后停止支付后续有关费用有合同依据。方某要求A公司支付后续有关费用没有事实依据，不应支持。

案例评析

这是一个城市更新中政策对拆迁补偿协议发生影响的典型案例，在政策多变的城市更新项目中，拆迁补偿协议是否足够细致、能否预见突发情形将会对被拆迁人和房地产开发商产生深远的影响。这个案例中正是因为合同预见性地约定了如果发生新政策导致项目停摆，双方互不承担违约责任，房地产开发商得以止损。

一、本案的政策背景

2016年12月29日，深圳市政府公布了《关于加强和改进城市更新实施工作暂行措施的通知》（以下简称《暂行措施》），《暂行措施》中政府大力促进面积不超过10,000平方米小地块的更新，更新类型包括旧工业区升级改造以及旧工业区、旧商业区升级改造为商业服务业功能区。很多工业区业主及房地产开发商看准商机，一时间各类工程改革项目如火如荼推进。经过一段时间的实践后，深圳市相关政府部门发现部分小地块城市更新项目偏离了政策制定的初衷,使城市更新出现"碎片化"的倾向,于是在短短1年半后,2018年8月深圳市规划和国土资源委员会下发《市规划国土委关于拆除重建类城市更新单元拆除范围用地面积事宜的通知》,规定暂停收文受理拆除范围用地面积小于10,000平方米的拆除重建类城市更新单元计划。这个通知给各大房地产开发商浇了一盆冷水,很多项目紧急中止,10,000平方米以内小地块城市更新如何,有待观察。不少房地产开发商因此面临承担违约责任的潜在风险以及资金沉淀的压力。本案就是在这个背景下产生的纠纷。

从2004年《深圳市城中村(旧村)改造暂行规定》(现已失效)出台以来,深圳的城市更新一直在艰难地探索,深圳市人民政府一直在摸着石头过河,不断改革创新城市更新政策。政策一直在变化,成了深圳城市更新的常态。

那么在变幻莫测的环境下,新政策的出台又会给房地产开发商带来什么影响呢?

二、有预见性的合同条款将帮助房地产开发商及时止损

根据《民法典》对情势变更的规定,在合同成立后,合同的基础条件发生了当事人在订立合同时无法预见的、不属于商业风险的重大变化,继续履行合同对于当事人一方明显不公平的,受不利影响的当事人可以与对方重新协商;在合理期限内协商不成的,当事人可以请求人民法院或者仲裁机构变更或者解除合同。同时《民法典》还规定,因不可抗力不能履行民事义务的,不承担民事责任。

但是本着促成民商事交易的原则,法院对适用不可抗力和情势变更异常严格,必须无法预见、不能避免、不能克服且不属于商业风险,相关主体才能适用不可抗力或情势变更,以解除合同免除违约责任。如果不可抗力或情势变更不成立,那么合同双方应当继续履行合同。

本书《城市更新中新政策出台是否构成不可抗力?》中援引的最高人民法院判决的A公司与张某确认合同效力纠纷案件就是比较典型的例子。该案件中的 A 公司因不能按约履行其与相对方之间的《资产转让合同》，意图援引不可抗力免除违约责任。但最高人民法院认为，A 公司作为专业房地产投资公司应当清楚和熟悉当地的房地产政策。早在《资产转让合同》签署前，海南省人民政府已经发布《关于加强房地产市场调控的通知》（琼府〔2016〕22 号），通知加强商品住宅用地计划管理和规划审批调控。合同签署后虽然海南省人民政府发布"两个暂停"政策，但该政策只是对《关于加强房地产市场调控的通知》的细化，不属于 A 公司在签订该合同时无法预见的客观情况。A 公司主张相关政府政策调整构成不可抗力进而主张其应免责的依据不足，最高人民法院不予支持。

在本案中，法院判决 A 公司无须继续支付拆迁补偿，正是因为双方合同明确约定："本协议履行中，如因政府原因或者法律法规、政策调整导致无法推进本项目的，乙方获得的签约奖励金不予退还，双方互不追究违约责任。"民事法律关系一大原则为优先适用双方当事人之间的约定，因此法院在未援引情势变更或不可抗力的情况下，直接根据双方的约定判令 A 公司无须继续支付拆迁补偿。如果没有该约定，那么法院需要审查双方在合同签订时政府有关城市更新政策的走向，以判断新政策是否是不可预见、无法克服的。

本次 A 公司的胜诉，归功于合同对政策变化产生的影响提前作出了明确约定，否则 A 公司一旦败诉，该项目将产生连锁反应，诸多被拆迁人将提起诉讼要求继续支付拆迁补偿，A 公司面临的压力将会变大。

从客观中立的角度来说，虽然被拆迁人获得的拆迁补偿变少了，但是在不违反法律法规的前提下，面对变动频繁的城市更新，房地产开发商必须考虑如何设置合同条款，将政策变动带来的风险降到最低；否则一旦政策变化导致项目停摆，房地产开发商的大量开发资金将沉淀其中，又要不停地向被拆迁人支付拆迁补偿款。在房地产行业下行的趋势下，这将对房地产开发商产生致命打击，甚至拖垮房地产开发商。因为政策导致项目停摆，暂停支付拆迁补偿也是公平合理的，从被拆迁人的角度来说，也不会产生损失，这与房地产开发商违约导致项目停摆有本质的不同。

从这个案例我们也要思考：业主和房地产开发商在一定程度上是共生共赢的，二者并非对立，如果房地产开发商出现问题，最终受损的是被拆迁人。城市更新平均开发周期长达10年，此期间项目会面临各种不可预测的风险。如果项目能尽快立项，尽快确定实施主体并且建设完工，对于业主和房地产开发商来说是双赢。一份专业、全面、细致的拆迁补偿协议至关重要，它对于房地产开发商和被拆迁人而言都是一道"防火墙"。被拆迁人不要仅关注个人利益妄图当"钉子户"，拖住整个项目使之无法推进，如果此时新政策出台，发生不可控风险，"钉子户"很有可能把项目拖进深渊，项目的停摆对业主和房地产开发商都没有任何益处。业主和房地产开发商实现双赢才是最好的局面。

从失败的案例看城中村
城市更新有哪些常见的问题

目前,深圳市增量用地日趋减少,如何利用存量用地成为房地产开发商开发建设的关键。根据《深圳市城市更新办法实施细则》(深府〔2012〕1号),拆除重建类城市更新项目实施方式包括市场主体单独实施和合作实施。这两种实施方式一般由房地产开发商与被拆除重建区内的业主或村股份公司签订拆迁补偿协议或合作协议,将房地产权益转移给房地产开发商后,由房地产开发商进行拆除重建并开发建设。毫无疑问,城市更新给房地产开发商盘活存量用地提供了一条重要途径。但是在整个城市更新过程中,房地产开发商担负着立项、专规审批和实施主体确认的重任,如何选择合适的开发对象和项目,以及如何与业主和合作方达成良好的合作关系成为房地产开发商能否成功完成城市更新项目的关键因素。在本文中笔者将通过几个失败的合作案例,来看看城中村城市更新项目的常见问题。

基本案情一[1]

2015年7月16日,A公司作为甲方(拆迁人)与作为乙方(被拆迁人)的B公司签订了一份《意向书》,约定甲方对乙方的旧房进行拆迁改造。双方

---

[1] 参见广东省深圳市中级人民法院民事判决书,(2018)粤03民终1164号。

确认乙方房产所在地块面积约 24,000 平方米,房产现有建筑面积约 25,000 平方米(其中已办理房产证部分面积 6980 平方米,未办理房产证部分面积约 18,000 平方米)。前述房产系 B 公司租用宝安区某村原经济合作社集体土地建成。双方同意以 1.38 亿元的价格作为拆迁补偿价格,分 5 期支付。第一期在意向书签订后 10 日内支付总价的 20% 作为履约保证金;第二期在正式《拆迁补偿协议》签订后 10 日内支付总价的 10%;第三期在项目立项完成 10 日内支付总价的 30%;第四期在甲方向乙方发出《搬迁通知书》10 日内支付总价的 30%;第五期在乙方完成搬迁并拆迁房屋交给甲方 10 日内支付总价的 10%。B 公司应在《意向书》签订后将权属资料原件交予 A 公司,且不得以任何方式与第三方进行接洽。在 A 公司支付第一期款项后、尚未正式签署《拆迁补偿协议》前双方产生纠纷,A 公司将 B 公司诉至法院。

法院判决一

经查明,B 公司签订《意向书》后并未将房地产证等权属资料原件交给 A 公司,且未经 A 公司同意,擅自在涉案房产上设置新的抵押登记,B 公司已违反合同约定。因双方在约定期限内及合理期限内均无法协商一致而签订正式的《拆迁补偿协议》,涉案《意向书》已无法继续履行,法院判决解除《意向书》,判令 B 公司返还 A 公司履约保证金 27,600,000 元并赔偿相应利息损失,同时判令 B 公司赔偿 A 公司因合同履行而实际发生的费用(设计费、测量费)。

案例评析一

A 公司最终未能与 B 公司成功合作并拿下整个城市更新项目,其原因可以简单归纳为:(1)找错合作对象;(2)没有详尽调研;(3)仅用钱锁定项目。笔者下面进行逐一分析。

一、找错合作对象

本案所涉城市更新项目是一个城中村改造项目,这类项目中占主导地位的必定是村股份公司。根据政府部门公示的城市更新单元计划,该片区拆除重建用地面积共计121,528平方米,B公司所占土地仅24,000平方米,而且还是原村集体土地,尽管B公司自建了25,000平方米的建筑物,但是绝大部分没有房产证。因此,如果A公司想要拿下项目,应当与村股份公司洽谈,得到村股份公司的认可,而不是和项目范围内的某一个业主合作。事实也证明了最终获取项目的是与村股份公司签署城市更新协议的C房地产开发公司,A公司合作失败的根本原因就在于其找错了合作的对象。对于城中村改造项目必须要和村股份公司合作,只有找准村股份公司这个关键主体才有可能拿下整个项目。

二、没有详尽调研

A公司与B公司签署《意向书》的时间是2015年7月16日,早在2012年9月1日涉案的片区已由村股份公司与C房地产开发公司签署了城市更新协议。C房地产开发公司根据该协议已经支付了保证金及其他的款项。如果A公司在签署《意向书》之前对该项目有过详尽的调查研究,就能知道该项目已经有房地产开发商介入。在这种情况下,贸然与项目内的业主签署协议,企图以某一个业主作为切入点突破整个项目几乎是不可能的。

三、仅用钱锁定项目

根据双方签署的《意向书》,整个拆迁补偿金额达1.38亿元,在项目立项后支付比例高达60%。众所周知,城市更新项目周期普遍在7~10年,项目立项处于初期阶段,之后的变数是非常多的。如果在前期就支付高比例的拆迁补偿金额,A公司将承担极大的风险。同时,A公司支付的履约保证金并没有约定共管,而是被B公司用于偿还银行借款,履约保证金没有发挥其履约保证的作用,A公司实际上变相成为帮助B公司还债的金主。城中村项目在前期支付保证金是惯常行为,但是只向业主方支付高额现金无法达到锁定项目的目的。如果双方没有切实可行的合作路径和明确的合作着眼点,项目很有可能被其他更有实力、能给业主带来更多拆迁补偿利益的竞争对手抢走。

基本案情二[1]

2006年,D公司与E公司签订《合作开发协议书》,约定将位于深圳市龙岗区×镇×村占地18万平方米的土地规划建设为大型中高档住宅小区。D公司负责拆迁安置洽谈工作,E公司负责项目的规划设计、报建报批、建设验收及拆迁补偿等工作。2007年,双方签署《补充合同》,约定D公司组织村民及业主完成同意进行改造的补偿协议的签订后,两年内E公司必须启动开发;两年届满,E公司仍未启动第一期开发,则D公司可以通过与E公司协商收回开发权。由于项目一直未按照合同约定推进,于是D公司向法院提起诉讼,要求解除双方之间的《合作开发协议书》及《补充合同》。

从合同的履行情况来看,E公司在签订合同后长达8年多的时间里未办理任何土地征转、报批报建手续,亦未向D公司支付任何款项。D公司全体股东明确表示不愿与E公司协商签订拆迁补偿协议及配合任何改造事宜。法院认为双方关于合同项目的履行已经不具备实现的可能性,合同目的亦不可能实现,因此判决解除双方之间的合同。

双方合同解除后,E公司起诉D公司要求赔偿其因履行合同所产生的实际支出43,159,109.14元及可得利益损失6000万元(暂计)。

法院判决二

法院认为,涉案项目之所以未按合同约定时间进行开发,主要在于行政审批时间过长,非E公司原因所致,鉴于合同解除之时已完成了涉案项目的

---

[1] 参见广东省深圳市中级人民法院民事判决书,(2014)深中法房终字第1384号;广东省高级人民法院民事判决书,(2016)粤民终1116号。

审批工作,受益人为 D 公司,因此判决 D 公司赔偿 E 公司为履行合同而直接产生的损失 1,066,200 元,其对可得利益损失的主张法院不予支持。

案例评析二

本案中,双方最终未能合作完成项目,主要原因在于城市更新项目情况复杂,双方一开始对情况预计过于乐观;并且双方之间的协议过于笼统,履约过程中如何推进项目在合同中找不到答案,最终导致合作失败。合作过程中如何设置合同条款成了影响项目推进的关键因素。

一、合作协议过于笼统

根据政府公布的专规草案,本案的改造项目拆除用地面积高达 18 万平方米,是个超大型项目。但是对于这样一个体量的项目,双方只签订了一个《合作开发协议书》及《补充合同》。《合作开发协议书》及《补充合同》作为一揽子协议,包含了多种合同关系在内,其中既包括委托合同关系,如 D 公司委托 E 公司以 D 公司的名义申报城市更新单元计划,D 公司委托 E 公司以 E 公司的名义与第三方机构签订测绘合同、规划设计合同、编制草案委托合同等;也包括拆迁安置补偿合同关系,如 E 公司与业主之间签订拆迁安置补偿合同;还包括单一市场主体(市场主体与所有业主签订搬迁补偿安置协议后形成单一主体)与集体经济组织继受单位之间的改造合作合同关系以及房地产开发经营合同关系等多种法律关系。在项目推进过程中,有的合同关系如委托合同关系已经履行完毕,但是双方产生争议后,要求解除合同却是对整个合同的解除,这使双方之间权利义务无法简单明了地梳理清楚。

城市更新项目涉及方方面面,是一个复杂的系统工程,双方签合同时应当尽可能一事一议,在合作洽谈初期可以选择先签署框架协议,在框架协议中把双方合作的大方向和基本原则先以书面形式确定下来,然后再根据项目情况签订单项合作协议。如果被拆迁主体需要委托房地产开发商完成测绘、规划设计及编制专规材料的,可以单就委托事宜签订委托服务合同。如果房地产开发商需要对被拆迁主体进行拆迁补偿,可以就拆迁补偿事宜单独签署拆迁补偿协议。这样既方便铺排项目的进程,也容易根据双方合作的事项厘清双方间权利义务,如果某个事项出现了问题,双方也可以通过补充协议的方式对单个事项进行补救。城市更新项目是牵一发而动全身的,如果所有事项全部约定在一个合同中,很容易因为一个环节出问题,导致整个合同被解除。

二、房地产开发商在合同中约定了刚性条款

本案中,双方约定自签订《补充合同》并且村民及业主完成同意进行改造的补偿协议的签订后,两年内E公司必须启动开发;两年届满,E公司仍未启动第一期开发,则D公司可以收回开发权。项目推进过程中,区内的城中村改造办公室漏报了涉案项目,导致涉案项目未按期列入更新计划单元。然后村民小组又多次要求专项规划突破法定图则,导致审查未通过而重新修改,延误了审批进程。这些状况是双方在一开始未预料到的,过错也不在E公司。但是在双方的合同中约定了E公司必须在限定时间内完成开发,这就使D公司及村民对城市更新的进程有了较高的心理预期,一旦项目推进受阻,特别是拖延时间变长时,D公司及村民的心理防线就可能崩溃。周边的城中村改造项目陆续完成后,双方之间的矛盾最终爆发,D公司将E公司诉至法院要求解除合同,并更换了开发商改造涉案项目。

鉴于城市更新的周期长,不可控因素多,在合同中尽量不要约定诸如承诺期限的刚性条款,对于审批期限这类无法掌控的情况建议约定兜底条款,如以政府审批时间为准,或者如果非因双方原因造成的延迟履行另行签署补充条款以约定履行期限等。如此一来,可以在合作之初使双方回归理性,降低被拆迁主体的心理预期。这样在双方产生争议时,也更容易分析客观成因,并最终形成一个可行的解决方案。

城市更新是体系庞杂、周期性很长的项目,对房地产开发商综合能力有较高的要求。在项目前期,房地产开发商不可能完全预计到未来可能发生的状况,特别是城中村改造项目,可以说是"剪不断理还乱"。这就对实施改造的房地产开发商提出了更高的要求。在洽谈项目的前期,房地产开发商必须对项目有个整体的预判,包括土地房产的权属状况、项目未来的规划设计、项目拆迁的难易程度,这不仅要求房地产开发商资金雄厚,在前期就有足够的资金聘请第三方机构对项目各方面作出评估,还需要房地产开发商对项目开发成本和难易程度进行专业准确的判断。如果房地产开发商没有经验丰富的团队和成熟的土地规划模式,很容易像上面案例一样最终以合作失败告终。

另外,城市更新还有一个重点是平衡房地产开发商与业主之间的利益。城市更新整个过程就是业主和房地产开发商利益博弈的过程,双方时而利益一致,时而利益相悖。在立项和专规阶段双方都有着共同目标,那就是促成项目立项、争取最多的容积率,而且业主在这个阶段很大限度上依赖房地产开发商去完成立项和规划设计,此时双方利益基本一致。但是到了确认实施主体阶段,业主在面临房产证将会被注销,其赖以生存的房屋将会被拆除的状况时,便可能与房地产开发商出现利益冲突。因此如何去平衡双方的利益,实现双赢将最终决定项目能否顺利完成。

最后,如果合作失败,房地产开发商有可能面临巨大的损失。根据《深圳市城市更新办法实施细则》的规定,房地产开发商成为城市更新单元的实施主体,必须与拆除范围内所有业主签署拆迁补偿协议,获得拆除范围内所有房地产权益,并与政府有关部门签署土地出让协议。在此之前,房地产开发商对项目是不享有开发权的,此时如果双方产生争议,房地产开发商开发项目的可得利益无法获得法院支持。本案中,E公司由于未获得开发权,其6000万元可得利益损失的诉讼请求被法院驳回。因此,城市更新项目对于房地产开发商来说是个高风险项目,如果前期不能准确地预判,不能排除项目开发过程中可能存在的风险,那么房地产开发商有可能面临巨大的损失。

没有房地产开发资质，
城市更新还能继续合作开发吗？

在增量土地未释放时，存量土地的城市更新一直是各大房地产开发商角逐的重点。面对这块"香饽饽"，很多公司开始行动，寻找手里握着土地房产的业主，渴望一同合作，开发共赢。但这些公司殊不知这里深藏玄机，很多公司和业主必须谨慎合作。下面笔者通过一个案例阐释在城市更新中，关于开发资质的法律问题和法律风险。

基本案情[1]

2012年，A公司（甲方）与B公司（乙方）签订《合作建房协议》，约定由甲方提供占地约11,000平方米的土地，乙方提供开发资金，双方合作建房；甲方于2009年12月2日以购买方式取得上述土地（签订合同前由甲方向乙方提供购买土地合同及村委会证明，证明该土地属甲方所有）；按照旧城改造的方式，乙方给甲方以实际建造面积的20%，甲方给予乙方两至三年时间申请办理旧城改造手续；现甲方出租厂房的租户赔偿拆迁工作由甲方负责；甲方保证提供的资料真实，乙方清楚了解该地块开发的可能性，其中包括政府征收、与村民纠纷及其他不可预见的因素；乙方在基础完工后24个月内建造完成房屋；甲方提供土地，保证土地未设置任何抵押、质押，并提供本地初

---

[1] 参见广东省深圳市中级人民法院民事判决书，(2020)粤03民再30号。

始登记的所有资料原件及证明文件；项目施工水电由甲方指定时间节点，以后产生的水电费由乙方负担；乙方保证项目建设资金及时到位，负责项目策划、设计等工作并确定设计单位，但设计图纸需经甲乙双方同意后方可实施，其中策划、设计费由乙方负担；乙方负责项目建筑和监理、装修、工程施工；乙方需向甲方支付保证金1000万元，协议签订时支付500万元，在开工时书面通知甲方，再支付甲方500万元；甲方应在3个月内准备好开工条件，包括所有工厂的搬迁，否则甲方承担一切损失；若甲方违约，应向乙方双倍返还保证金，并赔偿乙方损失，乙方有权单方解除合同；若乙方违约，甲方有权没收乙方保证金，并赔偿甲方损失，同时甲方有单方解除权。

2012年7月11日，A公司向B公司出具《收据》，确认收取合作建房保证金500万元。

2014年11月11日、25日，B公司两次向A公司邮寄《开工通知》《律师函》，主张A公司自《开工通知》发出之日起按协议在期限内移交土地。但上述邮件均未妥投。

2015年2月9日，B公司在人民法院报刊登公告，主张已经具备开工条件，因无法联系到A公司及王某，故登报通知A公司及王某与之联系并做好开工准备。

2016年8月23日，B公司向A公司邮寄《解除通知》，主张A公司、王某未按约定解决拆迁赔偿、租户工厂搬迁等事宜并失联，B公司解除双方《合作建房协议》，要求A公司、王某于2016年8月28日前双倍返还保证金1000万元。

B公司最终将A公司诉至法院，要求A公司及王某返还B公司保证金1000万元及利息。

法院判决

本案经过一审、二审和再审，法院最终判决A公司返还B公司保证金500万元及利息，王某对A公司不能清偿部分在100万元范围内承担补充清偿责任。

法院在审理过程中查明，王某系 A 公司的法定代表人、大股东。A 公司、王某并非涉案土地的登记权利人，B 公司、A 公司、王某确认涉案土地原属某股份公司的集体用地，B 公司、A 公司、王某均无法提供涉案土地的四至坐标，A 公司主张其从某股份公司处受让上述土地。A 公司未向 B 公司交付涉案地块。B 公司、A 公司、王某确认涉案《合作建房协议》已实质解除。B 公司主张解除的原因在于 A 公司、王某未按约定履行拆迁赔偿义务，未合法取得涉案土地使用权，未提供涉案土地的初始登记资料；A 公司主张合同解除的原因在于 B 公司未履行合同约定的建设资金及时到位义务，未完成项目策划设计、施工，一直不具备开工条件，未予支付剩余 500 万元保证金等。

法院认为涉案《合作建房协议》无效。《土地管理法》(2004 年版) 第 63 条规定[1]"农民集体所有的土地的使用权不得出让、转让或者出租用于非农业建设"；最高人民法院《关于审理涉及国有土地使用权合同纠纷案件适用法律问题的解释》(2005 年版) 第 15 条规定[2]："合作开发房地产合同的当事人一方具备房地产开发经营资质的，应当认定合同有效。当事人双方均不具备房地产开发经营资质的，应当认定合同无效。但起诉前当事人一方已经取得房地产开发经营资质或者已依法合作成立具有房地产开发经营资质的房地产开发企业的，应当认定合同有效。"本案中，涉案土地为集体用地，B 公司与 A 公司签订《合作建房协议》，约定在该土地上建房、对外销售等非农建设活动违反了上述《土地管理法》的规定。况且，即便该土地获得政府批准转变为国有用地，按照上述司法解释的规定，在国有用地上合作建房，当事人须具备开发资质，否则合同应为无效。本案 B 公司与 A 公司至今均未取得房地产开发经营资质，亦未依法合作成立具有房地产开发经营资质的房地产开发企业，因此《合作建房协议》无效。

关于合同无效的过错责任及后果，涉案《合作建房协议》约定由 A 公司

---

[1] 案件审理时适用 2004 年修正的版本。该内容在 2019 年修正时已删除。
[2] 案件审理时适用 2005 年发布的司法解释，后 2020 年进行修正，第 15 条变为第 13 条，内容不变。

提供土地、B 公司提供资金建房，双方进行合作。A 公司主张其从某股份公司处受让取得涉案土地的使用权，说明 A 公司对涉案土地为集体用地是明知的。A 公司作为土地的提供方，其未能提供符合开发条件的土地，其对合同无效存在过错。另外，B 公司系房地产开发公司，其一直未取得房地产开发经营资质，其对合同无效同样存在过错。因此，A 公司、B 公司均对《合作建房协议》无效存在过错，应当各自承担相应的责任。A 公司因该合同取得了 500 万元保证金及占用资金期间的利息，应返还给 B 公司。A 公司主张因涉案土地上厂房搬迁、空置造成了租金损失，但未提交证据证明其已将涉案土地移交给 B 公司，也未提交证据证明该土地上原有厂房的出租情况以及后来厂房的搬迁、空置情况等损失的具体数额，A 公司请求 B 公司赔偿租金损失 100 万元的证据不足，法院不予支持。

案例评析

本案是在城市更新过程中发生的非常典型的合作开发纠纷，对业主和合作方来说都具有极高的警示意义。

截至 2020 年 8 月 29 日，深圳自然村落有 1000 多个，村股份公司 1017 家。这些村股份公司实际使用土地面积约 393.25 平方公里，均是城市更新的热点。在 20 世纪 90 年代，由于土地交易手续的不完善以及法律意识淡薄，很多村民及村股份公司为了获利纷纷将手里的土地出售给村组织以外的第三人。本案中，A 公司手里的土地也是在这个大背景下从村股份公司"买"过来的，但事实上这种土地交易并不符合法律规定，土地权属存在瑕疵，也未办理任何土地过户手续，大部分买受人在法律上并不是相关土地房产的所有权人，这也是庭审过程中 A 公司无法提供涉案土地的四至坐标，也无法将土地交付给 B 公司的根本原因。但是实践中，很多当年从村民或村股份公司手里"买"土地的主体均对自己是土地及房产的所有权人深信不疑，很多寻找项目的合作方也对此深信不疑。

随着城市更新的迅猛发展，对于合作方来说，找到持有土地房产的业主就是找到"宝藏"，这些合作方纷纷抢占先机，与所谓的"业主方"签订合作协议，本案就是这样的例子。但是这样的合作开发模式存在极大的法律风险。

一、业主所购土地及房产存在权属问题

根据《关于进一步加快宝安区处理历史遗留违法私房及生产经营性违法建筑工作的意见》第12条的规定，深圳原村民的土地征转变更为国有用地，土地来源为划拨，此类土地及房产是不得上市交易的。根据《深圳市原农村集体经济组织非农建设用地和征地返还用地土地使用权交易若干规定》第7条的规定，如果村民或村股份公司的土地及房产拟上市交易，必须与相关部门签订土地使用权出让合同，缴清地价，将土地转为商品性质。因此村民以外的主体实质上无法直接向村民或村股份公司购买土地及房产，即便签署了合同，也无法获得土地权属；有关购买土地及房产的合同也可能因为违反法律法规的禁止性规定而归为无效。因此，合作方寻找到的心仪地块可能在法律上根本不归所谓的"业主方"所有。

二、合作开发协议效力问题

如前所述，原村民或村股份公司的土地及房产如果未经过国有土地出让程序，只能自用，用地为非商品性质，不得上市交易，土地仍然归集体所有，那么"业主方"与合作方之间合作开发协议约定房产开发完成后对外出售，实质违反了划拨性质用地不得上市交易的法律规定，变相对外出售和转让集体资产，其约定可能存在违反法律法规禁止规定而归于无效的风险。另外，根据最高人民法院《关于审理涉及国有土地使用权合同纠纷案件适用法律问题的解释》第13条的规定，合作开发房地产合同的当事人一方具备房地产开发经营资质的，应当认定合同有效，当事人双方均不具备房地产开发经营资质的，应当认定合同无效。如果"业主方"和合作方均无房地产开发资质，但是从事合作开发房地产的，其合作开发协议应当无效。

三、合同无效的法律后果

根据《民法典》的规定，合同无效的法律后果为归还财产、赔偿损失。在"业主方"实际无所涉地块及房产所有权的情况下，合作开发合同无效可能

导致"业主方"和合作方均无法获得相应地块及房产的权属,双方"竹篮打水一场空"。而对于赔偿损失,一般是过错方赔偿无过错方,但是事实上对于这类合作开发而言,"业主方"和合作方均是有过错方,因为双方明知彼此无房地产资质,甚至明知土地权属有瑕疵仍要合作开发,各自对各自的损失承担责任,无赔偿之余地。

四、如何规避合作开发的法律风险

对于合作方来说,确定"业主方"是否享有地块所有权是合作的前提。如果"业主方"仅有从村民或村股份公司购买土地的合同,不足以证明其拥有土地权属。必要的法律尽职调查是所有合作开始的必备条件。法律尽职调查需要向不动产登记中心、国土部门调取相关土地及房产的土地档案和权属信息,另外还需要走访村股份公司,了解相关地块在村股份公司土地台账中的情况,一方面确认相关地块的权利人,另一方面确认相关地块是否存在权利负担。如果通过尽职调查发现"业主方"并不是法律上的权利人,那么合作应当及时中止。

对于业主方来说(这里的业主方指的是法律上真正享有土地权属的权利人),需要了解合作方的基本资质。实践中有很多掮客,实际无房地产开发资质,但以谈合作为诱饵,获取业主方的信任,在手里囤积土地资源,待合适的房地产开发公司出现时,倒卖土地资源获取高额中介费。实践中也有一些合作方,由于不具备法律知识,不知道房地产开发需要房地产开发资质,本文案例即为此类型,不符合资质的企业以房地产开发为目的与业主方谈合作。业主方需要辨认合作方是否具备房地产开发资质,如果没有相关资质,一切合作均存在法律风险。如果具备房地产开发资质,还需要进一步了解合作方是否具备实力和能力对项目进行城市更新。目前城市更新平均周期为10年,已经出现很多小房地产开发商由于专业实力不够、资金实力不够向外找大型房地产开发商接盘的案例。因此选择优质的合作方一方面能保证合作协议合法有效,另一方面也能保证项目可以顺利推进。

另外,如果业主方所有的土地及房产如果存在历史遗留问题的,待房地产开发商在城市更新中通过与国土部门签订土地出让合同补交地价的方式一揽子处理后，可解决业主方所持土地及房产不能上市交易的问题。城市更新完毕后，业主获得可流通商品房，可再转手交易。这种方法是解决深圳大面积房地产历史遗留问题的最根本路径，因此业主方不要贸然与无资质的合作方合作。

综上，城市更新如火如荼地进行着，不管是寻找项目的合作方，还是等待合作的业主方，在面临合作的时候，均需要对彼此做深入细致的了解，前期的尽调可以排除绝大多数的潜在风险。本文案例实际给业主方和合作方提供了教训，如果双方在合作之前做了充足的准备和调查，就可以避免将彼此拖入一个无效合作长达7年。